新しい工学英語教育の創造をめざして

ESP語彙研究の地平

石川 有香　編

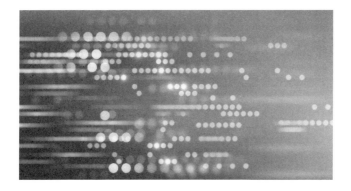

金星堂

まえがき

今なぜESPなのか，なぜ語彙なのか

石川　有香

　ITに特徴付けられる近年の技術革新は，それまで国を単位として展開されていた各種の産業を，国境をまたいで水平的に連結し，国際競争に投げ込む結果となった。このことは，自然科学系の学生，とくに，工学分野を専攻する学生にとって，国際共通語とされる英語の獲得が不可欠であることを意味している。

　もっとも，工学学生が修得すべき「工学英語」の中身を考えた場合，基本的な文法や構文の点で，一般の英語と大きく異なる部分が存在するわけではない。むしろ重要になるのは，工学分野で特化的に使用される語彙を体系的に学修し，正確に理解・運用できるようになることであろう。

　本書は，我が国の高等教育機関において，工学系大学の学部生や大学院生を対象として，工学ESP（English for Specific Purposes）語彙を指導していく上で，どのような点が問題となり，どのような解決がありうるのかを，執筆者がそれぞれの学問的背景をふまえ，多元的に考察したものである。

　第1部となる1章と2章は，工学英語語彙研究の前提となる，重要語彙の選定と評価に関わる。第2部は，語彙指導と語彙学習支援の観点から論じた3章から5章までで構成されている。第3部は，6章から8章となり，語彙教育にとどまらず，4技能を含む，より広い観点からの，教育実践の報告となる。

1章（石川慎一郎「上級学術語彙表"Babilon 2000"の開発」）では，特定の目的に応じた語彙をどう選定すべきか，という問題が扱われ，各種のコーパスを組み合わせることで上級学術語彙を抽出する実践が紹介されている。語彙の選定では，対象の語彙をどう選ぶかということよりも，対象外の語彙をどう排除するかということが大きな問題となる。本章は，この問題に対して，一般性の高い英語資料（大学入試英文）をコーパス化して活用するというユニークな解決を提案している。提案された手法は，工学英語の抽出にも広く応用できるものと言えよう。

2章（浅井淳「難語感によるESP単語の意味的特徴と教育課題」）では，語彙の教育的重要性を考える上で，難語感という新しい観点を導入している。一般に，語彙の重要度はコーパス頻度で決定され，高頻度な語はそれだけやさしく，低頻度な語はその分難しいという解釈がなされるわけであるが，実際には，高頻度で難しい語もあれば，低頻度で易しい語もある。本章は，学生を対象として，個々の語についての「難語感」アンケートを実施することで，学習者の心的レベルにおける難語の特性解明を行っている。語の長さや，語の意味の広さ・深さ・難しさなどとの関連を検証した考察は貴重なものである。

3章（相澤一美・磯達夫「理工系クラスでの英語語彙指導の実践」）では，そうして選ばれた語をどう指導するか，という問題が正面から議論される。本章では，著者両名の長年にわたる語彙習得研究の成果をふまえ，大学生の語彙力や，大学教員の語彙直観（語彙の頻度イメージ）の実態に関する報告がなされた後，範囲を決めて行った語彙学修プログラムの検証が報告される。報告によれば，上位群では上昇傾向が示唆されるものの，統計的に有意なレベルには達しなかったという。大学に限らず，語彙の指導では，範囲を決めて定期的に小テストを実施するというアプローチが古くから行われてきたが，効果の検証はほとんどなされてこなかった。この意味において，本章はきわめて重要な問題提起を行っている。

4章（田中洋也「電子ポートフォリオ連携型英語語彙学習アプリの開発と可能性」）では，従来型の語彙指導の限界を超える一案として，スマートフォン上のアプリケーション開発の実践についての報告がある。氏が開

発したアプリケーションは，最初にレベルチェックテストがあり，学習者の語彙力を 19 段階に識別し，レベルに応じた学習が可能になるよう設計されている。また，学習フェーズでは，意味・例文の確認，未知・既知の選択，多肢選択，適語選択の 4 つのタスクが用意されている。加えて，このアプリーケーションは，筆者が開発した別の電子ポートフォリオ（語彙学習方略の使用を促す総合的な語彙学習システム）とも連携するように設計されており，今後の成果が大いに期待される。

　5 章（Nicholas DUFF, Shota HAYASHI, Aya YAMASAKI「The Use of Mobile Flashcards in Preparing Technical University Students for TOEIC®」）では，夏季集中授業に，既成のオンライン・ソフトを用いた語彙指導を組み合わせたところ，英語力の向上につながったとする報告がある。事後アンケートの結果では，ソフトを使用した学習は，紙を用いた従来の学習よりも効果的であったとする学習者が，90 % 近くに上ったとされる。工学系大学の学生は，スマートフォンを用いた語彙学習に肯定的であり，既成のソフトであっても，使用方法によっては，十分な効果が得られることが示されたと言える。

　第 6 章（長加奈子「工学系大学生を対象とした英語多読指導の試み」）では，語彙レベルと読みやすさの指標を用いて，多読教材の分析を行なっている。その結果，出版社の提示する初級レベル（Basic Level）でも，高校 1 年生以上のレベルとなることが明らかにされた。近年，工学系の英語学習者に対する多読指導の実践報告も増えてきている。しかし，その一方で，教材の分析は，十分に行なわれていない。語彙の保持には，インプットの「量」が大きな役割を果たすが，英語に苦手意識を持つ工学系大学生に対しては，インプットの「量」と共に「質」にも注目する必要があろう。工学系大学生を対象とした多読指導においては，学習者のレベルに適した，より効果的な教材はどのように選定すべきか，その重要な指標のひとつが示されている。

　第 7 章（井村誠「知的財産分野の ESP」）では，知的財産分野という新たな分野における ESP 教育の構築のために，米国の大学や特許商法局，特許事務所の現地調査を行い，調査によって得られた教科書や資料などを

基に，知的財産分野のESPカリキュラム，シラバス，教材を開発し，教育実践を行なっており，一連の貴重な報告がまとめられている。従来のESP教育の枠を超えて，専門教科の内容に踏み込んでおり，知財分野で使用される英語の語彙力や，受信・発信ができる基礎的英語力を育成すると共に，知財分野の基礎知識の習得を教育目標としていることが注目に値する。ESPと内容言語統合型学習（CLIL）を統合した，新しいESP教育の方向性が提案されている。

第8章（野口ジュディー津多江・金子聖子「工学系大学院の大規模な専門英語オンライン授業」）では，英語による学術論文を作成する必要がある大学院生を対象に，論文作成の基礎的能力の育成を目的として，15年間にわたって行われた，オンライン授業の実践が報告されている。授業計画は，論文タイトルから実験手順や結果の考察まで，学術論文における「ムーブ」を基準にしている。学習者には，ムーブを意識させ，各ムーブの中での特定の語彙や表現に着目させて，自分でアブストラクトを執筆する方法を学ばせている。ESP教育では，自律的学習者の育成が目標となる。事後アンケートでの否定的な意見は，自己の能力の向上をより強く求めている声であり，大学院生の明確な学習目的に合致したESP教育を，いつでもどこからでも学習が可能なオンラインで実施することにより，ESP自律学習システム構築の可能性が示されたと言える。

本書の刊行が，我が国のESP語彙研究だけではなく，高等教育におけるESP教育研究全般に資するものとなることを願う。

なお，本書は，JSPS科研費（16H03445）の助成により，科研プロジェクト「工学英語語彙の自律学習・共通評価システムJ-ENG2の構築」（代表：石川有香）において，実施した公開セミナーの成果を踏まえ，刊行するものであり，『コーパスを用いた工学ESP語彙の選定と自律的語彙学習システムの開発』（金星堂出版）の姉妹書となる。

目　次

第1部　重要語彙の選定と評価

第1章
上級英語学術語彙表 "BABILON 2000" の開発 ……………………… 2
―6つの理念に基づく新しい EGAP 語彙選定の試み―
　　石川　慎一郎

第2章
難語感による ESP 単語の意味的特徴と教育課題 …………………… 21
　　浅井　淳

第2部　語彙の指導と学習支援

第3章
理工系クラスでの英語語彙指導の実践 ………………………………… 32
―半期の授業でどの程度効果があるか―
　　相澤一美・磯　達夫

第4章
電子ポートフォリオ連携型英語語彙学習アプリの開発と可能性 …… 44
―学習者の目標と実態に合わせた学習支援を目指して―
　　田中洋也

第5章
The Use of Mobile Flashcards in Preparing Technical University Students for TOEIC® ………………………………………… 60
　　Nicholas DUFF, Shota HAYASHI, Aya YAMASAKI

第3部　語彙指導から4技能指導へ

第6章
工学系大学生を対象とした英語多読指導の試み ……………………… 76
―語彙レベルと読みやすさに基づく英語多読教材の比較―
　　長　加奈子

第 7 章
知的財産分野の ESP *88*
―内容言語統合型 ESP の実践―
　　井村　誠

第 8 章
工学系大学院の大規模な専門英語オンライン授業 *106*
―ESP のジャンルを意識して―
　　野口ジュディー津多江・金子聖子

執筆者一覧 *117*

第1部

重要語彙の選定と評価

第1章

上級英語学術語彙表 "BABILON 2000" の開発
―6つの理念に基づく新しい EGAP 語彙選定の試み―

石川　慎一郎

はじめに

0.1 英語語彙のタイプ

英語の語彙は膨大な数に上るが，それらは話者と使用目的によって，English for General Purposes（EGP）の語彙と English for Specific Purposes（ESP）の語彙に二分される。後者はさらに，研究者集団による学術活動に連関する English for Academic Purposes（EAP）の語彙と，医者・パイロット・販売員などの特定の職種集団による職業活動に連関する English for Occupational Purposes（EOP）の語彙に二分される（Dudley-Evans & St. John, 1998）。また，EAP 語彙を，様々な学術分野に共通する English for General Academic Purposes（EGAP）の語彙と，特定の学術分野に紐づいた English for Specific Academic Purposes（ESAP）の語彙に下位区分する立場も提唱されている（田地野・水光, 2005）。

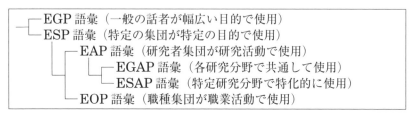

図1　話者・談話目的に基づく語彙の分類概念図

こうした各種の英語語彙について，頻度やレンジ（複数の言語資料の中で，当該語が出現する資料の数）を基準として，あるいは，親密度や語義数や教師判断による重要度などを加味して，重要語を抽出しようとする試みが古くから行われてきた（石川，2007a；石川，2007b）。

0.2 EGP 語彙の抽出

EGP の重要語抽出に関して言えば，West（1953）の General Service List（GSL）が広く知られている。これは現代英語において高頻度で有用性の高い約 2,000 語を抽出したもので，何らかの領域に限らず，汎用的な用途に資する語彙表とされている。

また，国内では，大学英語教育学会（JACET）により，JACET4000（第 1 版，1981；第 2 版，1983；第 3 版，1993），JACET8000（第 1 版，2003；第 2 版，2016）が公刊されている。新しい JACET8000 においては，日本人大学生のための英語語彙学習の指針を示すという目標の下，イギリス英語とアメリカ英語の大型コーパス（British National Corpus と Corpus of Contemporary American English）から抽出した語彙頻度と，日本人大学生がこれまでに接触してきた英語資料（中高教科書，大学入試など）や，今後接触が予想される英語資料（新聞，資格試験，専門書など）から抽出した語彙頻度を合成して重要語が決定されている。

0.3 ESP 語彙の抽出

ESP の重要語抽出については，Coxhead（1998），Coxhead（2000）の Academic Word List（AWL）が最もよく知られている。これは，様々な学術英文において共通して頻出する 570 語を収録した EGAP 語彙のリストである。

学術英文と言っても，ジャンルが違えばスタイルや語彙も異なる可能性がある（Swales, 2004）。そこで，Coxhead は，まず，人文学・商学・法学・自然科学の四大領域（28 分野）の学術テキストを均衡的に集め，350 万語のコーパスを構築した。次に，(a) コーパス全体で 100 回以上出現し，(b) 四大領域のすべてで 10 回以上出現し，(c) 28 分野の半数以上で出現し，

(d) GSL に含まれず，(e) 固有名詞（人名，地名など）やラテン語（et al., etc., ie., ibid. など）でない，という 5 つの基準を満たす語を抽出した。また，個々の語は，10 段階の頻度レベル情報（最も高頻度のものがレベル 1，低頻度のものがレベル 10。レベル 1 ～ 9 は各々 60 語，レベル 10 には 30 語が配当）が付与されている。以下は AWL 指定語彙の一例である（カッコ内の数字はレベルを示す）。

表 1
AWL 収録語の一例（a で始まる語の一部）

abandon (8), abstract (6), academy (5), access (4), accommodate (9), accompany (8), accumulate (8), accurate (6), achieve (2), acknowledge (6), acquire (2), adapt (7), adequate (4), adjacent (10), adjust (5), administration (2), adult (7), advocate (7), affect (2), aggregate (6)

　AWL は，GSL の 2,000 語に加えて学ぶべきものとされており，GSL を含めた語彙サイズは約 2,570 語となる。ただし，GSL と AWL は，活用形だけでなく派生語も 1 つにまとめる word family という特殊な単位で語を計量しており（Bauer & Nation, 1993），一般的な数え方で言えば，GSL+AWL に含まれる語種の数は約 3,500+1,500=5,000 語になる。
　なお，ESP 語彙選定は国内でも行われている。金丸・笹尾・田地野（2009）は，大学の 14 学部（研究科）の教員の協力を得て，それぞれの学生に推薦する英文学術誌を 5-15 種選び，過去 2 年間に刊行されたもののなかから 1 雑誌につき 7-16 本を収集してコーパスを構築し，一般学術語彙（EGAP 語彙）や特定学術語彙（ESAP 語彙）を抽出した。また，ESAP 語彙の抽出に関して，石川・小山（2007）は工学の 5 分野（構造・電気・機械・物理・生物）の論文を集めてコーパスを構築し，全分野に出現する中核的な工学語彙の特定を行った。笹尾・加藤・レヴィン・ユージン（2015）もまた，同じく工学部 5 分野（機械工学・電気電子情報工学・情報知能工学・環境生命工学・建築・都市システム学）の論文を集めてコーパスを構築し（笹尾・加藤・鈴木, 2014），工学分野の基本語彙の抽出を行った。

0.4 AWL の課題と本研究のねらい

AWL は，Coxhead が 1998 年に提出した修士論文に基づくもので，発表からすでに 20 年近くが経過しているが，コーパス頻度と内容的レンジの両面を考慮する語彙選定手法は手堅く，現在においてもなお有用な学術語彙表と言える。

もっとも，その後のコーパス言語学の進展をふまえて検討した場合，また，日本の英語教育での利用を考えた場合，学術語彙表としての AWL には，(1) 元となるコーパスが非公開で検証できない，(2) コーパスに年代や地域の偏りが含まれている可能性がある，(3) 語彙選定において頻度とレンジの両面を考慮している一方，最終的な重要度の決定は頻度のみで行っている，(4) 英語学習者の多くは接辞について十分な知識を持っておらず，派生形を 1 語として扱わないのは不適切である，(5) 頭字語や略号を一律に削除するのは問題がある，(6) 学術英語で散見される語の中に AWL でカバーされていないものも少なくない，といった課題もある。

そこで，本研究においては，AWL の課題をふまえつつ，(1') 検証可能な公開コーパスのデータを用い（OpeN），(2') 年代と地域的なバランスを考慮しつつ（Balanced），(3') 頻度とレンジを合成した学術語彙重要度指標を基準として（Integrated），(4') 派生形を除外したレマの単位で（Lemma-based），(5') 頭字語や略号も包含する幅広い語の定義を採用した上で（Broad），(6') GSL+AWL を超えるレベルを対象に（Advanced），学術語彙の選定を行うこととしたい。なお，本研究で開発する語彙表は，以上の 6 つの理念の頭文字を並べ替え，BABILON と称する。

1. 本研究における上級学術語彙選定の 6 つの理念

前述のように，本研究では，AWL の制約をふまえ，新たに 6 つの基本理念を立てて，GSL+AWL レベルを超える EGAP 語彙の選定を行う。以下では 6 つの理念とその背景についてまとめる。

1.1 公開コーパスの使用

Coxhead は，AWL の開発にあたり，学術論文 158 本，ウェブ上の論文 51 本，大学教科書 43 冊，Wellington Corpus の学術セクションのテキスト 42 本，Brown Corpus の学術テキスト 4 本，大学教科書内の章テキスト 33 本，LOB Corpus の 31 本，MicroConcord Academic Corpus に含まれる学術書籍 13 冊，大学の心理学研究室の実験マニュアル 2 本を集めてコーパスを作成したとされるが（Coxhead, 2000），著作権の制約により，作成したコーパスそのものは公開されていない。

Coxhead の作成したコーパスは，明確な理念に基づいて最適な資料を収集したものというより，当時，利用可能であった様々な資料を便宜的に寄せ集めたものであった。このコーパスの最大の問題点は，元データが非公開であるため，コーパスに加えられたテキストがそもそも学術英文として妥当なものであったかどうか，ESP 語彙選定の資料として適切なものであったかどうか，第三者が検証できないということである。

この点をふまえ，本研究では，Brown Corpus，LOB Corpus，Frown Corpus，FLOB Corpus，Crown Corpus，CLOB Corpus という 6 種の公開コーパスを語彙抽出の基本資料とする。Brown はアメリカのブラウン大学で，LOB は英国のランカスター大学で，Frown/FLOB はドイツのフライブルグ大学で，Crown/CLOB は中国の北京外国語大学で構築されたものである（Brown と LOB の一部は Coxhead のコーパスにも使用されていた）。

複数のコーパスを使用する場合，各々のデータ収集基準が異なっていれば，それらを一体的に使用することには問題が多い。しかし，以上の 6 つのコーパスは，Brown Corpus Family と呼ばれ，ほぼ共通の基準でデータの収集がなされている。いずれも，ジャンルは全 15 種（A：報道記事，B：論説記事，C：書評・劇評等，D：宗教関係，E：技芸や趣味，F：一般読み物，G：書簡・日記・自伝等，H：その他，J：学術文，K：一般小説，L：推理小説，M：SF 小説，N：冒険活劇小説，P：恋愛小説，R：ユーモア小説）で，総語数は 100 万語である。また，1 サンプルの長さは 2,000 語に限定されている（ただし，Crown と CLOB ではより短いサンプル

も含まれている)。

　15ジャンルのうち，本研究では，学術文（ジャンル J）のデータのみを使用する。当該ジャンルには，自然科学（J1-12：12本），医学（J13-17：5本），数学（J18-21：4本），社会科学・行動科学（J22-35：14本），政治学・法学・教育学（J36-50：15本），人文学（J51-68：18本），工学・技術（J69-80：12本）の合計80本のデータが含まれる。ただし，前述の理由により，Crown と CLOB でのデータ数は前者が100本，後者が94本となっている。

　本研究で使用する6つのコーパスのうち，Brown, LOB, FROWN, FLOB の4種は ICAME より CD-ROM 媒体で，また，Crown, CLOB の2種は北京外国語大学のウェブサイトよりそれぞれ全文データが一般に公開されている。公開コーパスを使った語彙選定は，誰もが実際のデータの内容を確認でき，また，語彙抽出のプロセスを再現して誤りがないか検証できるため，非公開コーパスを用いた研究よりも利点が多い。

1.2 年代的・地域的バランスの考慮

　AWL は，コーパス資料の収集にあたって，内容的バランスを慎重に考慮しているが，年代や地域のバランスについてはほとんど考慮を行っていない。実際，AWL は，1998年にニュージーランドの大学に提出された Coxhead の修士論文に基づくもので，元となるコーパスには，コーパスが構築された1990年代の資料や，ニュージーランドに直接・間接に関連する資料が多く含まれていた。Coxhead は，資料の64％がニュージーランドから取られたものだと述べている（Coxhead,2000）。

　しかし，英語変種（English varieties）に関する膨大な先行研究が示すように，年代や地域という要因は，英語の構造や文体だけでなく，使用される語彙にも大きな影響を及ぼす（Svartvik & Leech, 2016）。一般英語に比べて安定性が高いと思われる学術語彙についても，こうした影響は皆無ではないだろう。

　そこで，本研究では，前述の6コーパスを併用することで，年代や地域に偏りなく出現している語彙を抽出する。

表2
本研究で使用する6コーパスの資料年代と地域

	イギリス英語	アメリカ英語
1960年代（1964年）	LOB	Brown
1990年代（1991-92年）	FLOB	Frown
2000年代（主に2009年）	CLOB	Crown

　これらを組み合わせて使用することで，学術出版の世界で過去50年近くの間継続して使用されており，かつ，英米ともに使用されている語を選び出すことができる。

　なお，本研究では，重要語の選定にあたり，年代と地域の出現バランスを重視するが，AWLのように，学問分野の内容的レンジは一義的な考慮の対象としない。これは，近年の学術研究において，学問領域間の垣根がきわめて曖昧になっていることによる。たとえば，統計処理に関わる用語などは，従来は数学分野の語彙であったが，現在では，人文学を含め，すべての学術研究分野で出現する。また，工学と経済学，医学と哲学など，文理の壁をはさんで対立的にとらえられてきた学問分野間で，フィンテックや生命倫理学など，学際的な研究も行われるようになってきている。こうした背景をふまえると，学術英語を，独立した複数のジャンルデータの総体とみなすよりも，緩やかな一体ととらえるほうが現状に合致しているのではないかと考えられる。

1.3 頻度とレンジの両面の考慮

　AWLは，(a) コーパス全体で100回以上出現し，(b) 四大領域のすべてで10回以上出現し，(c) 28分野の半数以上で出現する，という3つの基準により，頻度とレンジの両面を考慮して語彙選定を行う一方，選ばれた570語については，頻度のみを根拠として全体を10レベルに分割している。もっとも，10のレベルは個々の語数がおよそ同等になるよう便宜的に設定されたもので，レベルそのものに本質的な意味はない。しかし，語彙表の教育的妥当性と有用性を高めるためには，レベル分けの際にも頻度とレンジの両方へ情報を用い，かつ，何らかの根拠に基づいたレベ

ル分割を行うことが必要であろう。

そこで，本研究においては，(a) 6 コーパスでのレンジ数が 4 以上で，(b) 6 コーパスでの合計頻度が 6 以上，という 2 つの基準を立てて語彙選定を行い，さらに，選定された語については，頻度とレンジ数の両方を加味してランクの決定を行う。

なお，頻度とレンジという性質の異なる 2 つの数量指標を 1 つの指標にまとめるには様々なやりかたが考えられるが，本研究では，各々の指標値を自然対数に変換した上でかけあわせた値を学術語彙重要度指標として使用する。

学術語彙重要度指標 = ln (6 コーパス中での出現頻度合計) × ln (6 コーパス中で当該語が 1 回以上出現しているコーパスの数)（※ ln は，自然対数を表す）

それぞれの値を対数変換したのは，頻度（6 コーパスでの粗頻度合計）には 1 〜数百の幅があるのに対し，レンジ数（6 コーパス中で 1 回以上の出現が確認されるコーパスの数）には 1 〜 6 の幅しかないためである。これらを単純にかけあわせると，頻度の情報のみが強く影響し，レンジの情報が十分に活かせない可能性がある。これに対し，両者を自然対数に変換すると，値の幅のずれが圧縮され，2 つの指標をよりバランスよく合成することができる。

1.4 レマ単位での処理

AWL は，GSL と同様，活用形だけでなく関連する派生形のすべてを見出し語に集約する word family という語彙単位を採用している。たとえば，AWL に含まれる見出し語の analyse には，活用形である analysed, analysing, analyses や，その異綴形（analyze など）はもちろん，派生形である analysis, analyst, analysts, analytical, analytically 等がすべて含まれている。このように，GSL および AWL は，派生形は接辞の知識により機械的に処理できるので，独立した語とみなす必要はないと

いう前提に立っている。

　しかし，word family という考え方は，語彙表に記載する語の数を見かけ上減らせるという利点があるとしても，一般的な語の捉え方とは乖離したものである。実際，学習者は派生語を作る各種の接辞の知識を完全に備えているわけではないし，word family では，しばしば，実際の語数がわからなくなる。

　この点に関して，GSL の収録語数の検証を行った Bauman（n.d.）は，以下のように指摘している。

> The inclusion of related form under a headword is not consistent. If all related forms are understandable to a learner of English who knows the headword, then the GSL consists of 2,000 items. But this is clearly not the case. To take an extreme example, these derived forms are listed under EFFECT: effective, effectively, efficient, efficiency, efficiently, and (with a [?]) affect. This entry for EFFECT does not represent a single learning unit for a student of English. The question remains open; how many "words" does the GSL contain?

　そこで本研究では，活用形を基本形に繰り込むレマ化処理のみを行い，1語を word family ではなく，レマとして定義する。

　レマ化処理には，e_lemma_nj8 というレマテーブルを使用する。これは，大学英語教育学会による新 JACET8000 の開発に使用されたもので，染谷泰正氏が構築したレマテーブル e_lemma を元資料として，望月正道氏と筆者が必要な修正を加えたものである。これにより，たとえば，play, plays, played, playing の頻度は play の頻度として集約されるが，player や playful などはあくまでも別語として扱われる。レマ単位での処理は，日本を含む，多くの国の英語教育の実態により適したものであると言えよう。

1.5 語の認定範囲の拡張

「語とはなにか」という問題は難しいものだが，実用的な観点から言えば，学術英語において多く使用されるものについては，頭字語であれ，略語であれ，複合語要素であれ，度量衡単位であれ，広くカバーしておくことが望ましいと言える。というのも，語彙表で明示的に示されない限り，そうした語が学習されるとは考えにくいからである。

そこで本研究では，語の認定の基準を広げ，AWL が対象外としたものについても，語として認定し，収録対象に加える。ただし，固有名詞に限っては収録対象から除外する。

1.6 上級学術語彙の精選

本研究で選定しようとする語彙は，GSL+AWL を超える上級学術語彙である。つまりは，(1) GSL および AWL に含まれず，かつ，(2) そのほかの一般語彙に該当しないもののみを選ぶ必要がある。

このうち，(1) については，GSL と AWL の見出し語に当たるものを収録対象から除外する。ただし，本研究では語をレマとして定義するため，GSL および AWL において見出し語の下に記載されている派生語も，別途定めた基準を満たせば，収録対象とする。

(2) については，上級レベルの日本人英語学習者が一般的な文脈において遭遇する可能性のある語を排除するという発想から，大学入試センター試験（英語）の過去 28 年分（1987 年～ 2014 年）の問題テキストをコーパス化し，そこに出現が確認された語を収録対象から除外する。大学入試センター試験は，高校指導要領を越えない範囲で作題されており，難語や特殊語については原則として書き換えなどの措置が施されている。つまり，GSL+AWL に加え，センター試験に出現した語を除外することで，一般性の高い語の混入を避け，上級の学術語彙だけを選ぶことができる。

2. 作業過程

以下，本研究における語彙選定の作業過程をまとめる。

2.1 コーパステキストの事前処理

本研究で語彙抽出の基礎資料として使用するのは，6つのコーパスの学術ジャンル（J）のテキストである。

当該ジャンルのテキストサンプルは，Brown，LOB，Frown，FLOBでは1つのテキストファイルに統合されているが，Crown，CLOBでは別個のファイルとなっている。ゆえに，まず，CrownとCLOBのテキストファイルを1つに統合する。

次に，一部のファイルに挿入されている行番号やタグを除去するため，すべてのデータを対象に，数字と，＜ ＞または [ ] で括られたテキストの一括削除を行う。

```
J01  1 <#FROWN:J01¥><h_><p_>Cosmology, Clustering
J01  2 <p_>William C. Saslaw<p/><h/>↓
J01  3 <p_>On large scales, the probability that 
J01  4 size volume of space is not random, like t
J01  5 related to the presence of nearby galaxies.
J01  6 depend on one another. Details of this depe
J01  7 important clues to the origin and evolutio
```

図2　Frown Corpus のデータ例（処理前）

```
Cosmology, Clustering and Superclustering ↓
William C. Saslaw    ↓
On large scales, the probability that galaxies occupy a gi
size volume of space is not random, like the toss of a coin,
related to the presence of nearby galaxies. Positions of gal
depend on one another. Details of this dependence may provid
important clues to the origin and evolution of the universe.
```

図3　Frown Corpus のデータ例（処理後）

また，6コーパスから抽出された語彙のフィルタリングに使用する試験コーパスについては，問題文中の日本語などを除くため，全角文字を一括で削除する。

2.2 語彙頻度表作成

まず，事前処理を行った6コーパスと試験コーパスを対象として，表記形単位およびレマ単位でそれぞれ語彙頻度表を作成する。レマ化により，トークン数（延べ語数）は不変だが，タイプ数は圧縮される。

表3
使用したコーパスデータの語彙量

	トークン数	タイプ数（レマ化前）	タイプ数（レマ化後）
Brown_L	174,155	13,764	10,340
LOB_J	174,772	13,621	10,426
Frown_J	177,477	14,666	11,122
FLOB_J	176,596	14,280	10,953
Crown_J	161,509	14,380	10,865
CLOB_J	161,460	14,306	10,944
合計	1,025,969	38,302	30,073

表4
フィルタリング用試験コーパスデータの語彙量

	トークン数	タイプ数（レマ化前）	タイプ数（レマ化後）
試験	189,970	9,078	6,268

6つのコーパスは，共通の基準に基づいてサンプリングされているため，学術ジャンルについても，トークン数は16～17万語，レマ単位でのタイプ数は10,000語程度でほぼそろっている。

次に，6コーパス全体から得られた30,073語のレマを見出し語として立て，(1～6) 6コーパスの各々における頻度，(7) 6コーパスでの合計頻度（Freq），(8) 6コーパスでのレンジ数（Range），(9) 合計頻度の対数変換値（Freq_log），(10) レンジ数の対数変換値（Range_log），(11) 学術語彙重要度指標（(9)×(10) で計算）（FR_Index），(12) GSL+AWL の見出し語としての出現の有無（GSL+AWL），(13) 試験コーパスでの出現の有無（CT），の13種の情報を付与する。なお，(12)

に関して，GSL については Bauman（n.d.）が再整理した 2,284 語リストを，AWL については Coxhead 自身が公開している見出し語リスト（Headwords of AWL）をそれぞれ参照する。

2.3 上級学術語彙の抽出過程

2.3.1 一般語彙および AWL 語彙の削除

　GSL+AWL を超える上級レベルの学術語彙に限って抽出するため，上記の 30,073 語の語彙頻度表において，GSL および AWL の見出し語に含まれず，過去 28 年間のセンター試験で一度も出現していないものを抜き出す。これにより，30,073 語の中から 24,666 語が得られる。

2.3.2 重要語の抽出

　教育的観点から言えば，選ばれた 24,666 語のすべてを上級学術語彙として提示することは非現実的であり，語彙をさらに絞り込む必要がある。
　一般に，多数の語の中から一部の語を重要語として取り出すには何らかの基準を定める必要がある。AWL は，全体頻度，四大領域別頻度，28 分野レンジ数という 3 つの指標を組み合わせて語彙の抽出を行ったわけであるが，本研究においては，出現する年代と地域に偏りのない語を選ぶという基本理念をふまえ，(a) 6 コーパス中でのレンジ数が 4 以上で，(b) 6 コーパスでの合計頻度が 6 以上のものを，優先的に学習すべき重要語とみなすこととした。この基準でフィルタリングを行ったところ，2,213 語が選ばれた。

2.3.3 不適格語の削除
(1) 1〜3 文字語
　はじめに 1〜3 文字語を抽出して目視で検証し，リスト記号等として使用されていたアルファベット（v, w 等）と，2〜3 文字で構成される頭語や略語のうち，コーパス中で様々な意味で用いられており，特定の内容を一貫して指し示していないもの（hr, ft, le 等），あわせて 24 語を削除した。

(2) 固有名詞

次に，すべての見出し語を目視で検証し，人名（Adam, Webb, Allen 等），地名（Ohio, Kent, Utah, Yale 等），団体名（IMB 等）ほか，あわせて 82 語を削除した。

(3) 活用形

すでにレマテーブルを用いて基本形への集約を済ませているわけであるが，レマテーブルのサイズは有限であり，レマテーブルに未記載の語については活用形が見出し語として残っている。

そこで，すべての見出し語の中から「s で終わるもの」を検索し，該当する 27 語（以下参照）を抽出した。このうち，2,213 語中に同一語の単数形が存在するものについては単数形を代表見出しとして手作業で頻度を合算した。また，その他については見出し語を単数形に変更した。

表5
レマテーブルによってレマ化されず，元リストに残された活用形

> fluxes, ligands, peptides, writings, loadings, reagents, workings, hearings, aliquots, groupings, durations, substrates, clinicians, predictors, inhibitors, magnitudes, assertions, subscripts, coordinates, intensities, motivations, positivists, fluctuations, formulations, correlations, efficiencies, transformations

上記に含まれる coordinates については，見出し語に，coordinate, coordinated, coordinates, coordinating の形がともに残っていたため，これらすべてを coordinate に集約した。以上の処理により，13 語が見出し語から削除された。

なお，リストには，s で終わる語以外に，ed や ing で終わる語も含まれているが，これらについては動詞の活用形なのか，あるいは独立した形容詞ないし名詞なのかが明確に判断できないため，今回の処理ではそのままの形で残すこととした。以上の一連の処理により，2,213 語から 119 語

(24 + 82 + 13 語)が削除され，2,094 語が残った。

2.3.4 順位情報の付与

語彙表を作成する目的が，単なる研究用の資料を作ることではなく，何らかの教育的な目安を示すことであるとすると，2,000 以上の語を区分せずにそのまま提示することは適切でないだろう。AWL の場合は，頻度上位のものから 60 語ずつレベル分けして提示していたが，教育的観点から言えば，レベル内の語数を便宜的に均等にそろえることよりも，全体に占める構成比がわかる形で提示することがより望ましいと考えられる。

そこで，本研究では，まず，選ばれた 2,094 語について，対数変換したレンジ数と頻度をかけあわせて学術語彙重要度指標を計算し，指標値の降順で全体を並べ替えた。次に，2,094 語の合計頻度（52,482 回）に占める個々の語の構成比と，最上位語から当該順位語までの累計構成比を求めた。この結果，上級学術語彙内での語数と累計構成比について以下の関係が存在することが示されたので，個々の語に対して順位情報と 10 段階のレベル情報を付与することとした。

表 6
語数と累計構成比の関係

レベル	累計構成比	順位範囲	レベル内語数
0	0.0-9.9%	1-30 位	30 語
1	10.0-19.9%	31-89 位	59 語
2	20.0-29.9%	90-167 位	78 語
3	30.0-39.9%	168-278 位	111 語
4	40.0-49.9%	279-414 位	136 語
5	50.0-59.9%	415-588 位	174 語
6	60.0-69.9%	589-807 位	219 語
7	70.0-79.9%	808-1086 位	279 語
8	80.0-89.9%	1087-1463 位	377 語
9	90.0-100%	1464-2094 位	631 語

このように累計構成比と直接的に連結したはっきりしたレベル基準を用意することで，上級学術語彙のうち，どこまで学べばどれだけカバーできるかが直観的に把握できることとなる。

2.3.5 BABILON2000 の公表
作成した語彙表は，仮の訳語をつけた上で，β 版として，筆者の研究室のウェブサイト上でオンライン公開している。今後，利用者からのフィードバックを受けて，訳語の改良や不適格語の削除などを進め，最終版の完成につなげたい。

3. まとめ

以上，本研究においては，AWL の語彙選定の課題をふまえ，(1') 検証可能な公開コーパスのデータを用い，(2') 年代と地域的なバランスを考慮しつつ，(3') 頻度とレンジを合成した EAP 重要度指標を基準として，(4') 派生形を除外したレマの単位で，(5') 頭字語や略号も包含する幅広い語の定義を採用した上で，(6') GSL+AWL を超えるレベルを対象として語彙の選定を行い，上級学術語彙表 BABILON2000 を作成した。
以下では，完成した語彙表の内容を示すため，レベルごとに上位 20 語をサンプルとして紹介する。

表 7
BABILON2000 の各レベルのサンプル語

	レベル内上位 20 語
0	fig, procedure, variable, cluster, equation, tissue, fiber, assessment, interpretation, probability, relevant, sequence, clinical, anti, theoretical, radiation, external, representation, fraction, experimental

1	molecule, sodium, empirical, underlie, implication, dominant, dose, compound, magnetic, narrative, thermal, conventional, transmission, min, coefficient, therapy, distinction, provision, evolution, velocity
2	nucleus, validity, chloride, statistical, quantitative, initially, denote, initiative, dimensional, potentially, voltage, discharge, facilitate, intervention, plasma, magnitude, regulation, aesthetic, comparable, deposit
3	versus, regression, detection, acknowledge, deviation, finite, grid, initiate, minimal, aggregate, formulation, transmit, simultaneously, complement, commitment, Soviet, reactor, physiological, modification, comprehensive
4	institutional, marker, installation, inter, subgroup, defect, deliberately, differentiate, compromise, statistically, legislation, coating, inspection, enzyme, assertion, carrier, suspension, acceleration, allocation, deficiency
5	dilute, rejection, vein, morality, comparative, inevitable, vice, adjacent, Anglo, prime, alloy, fracture, capitalist, evolutionary, supplementary, cohort, consensus, vulnerable, discrepancy, obscure
6	naval, rigorous, feasible, manipulate, discontinue, disposal, entail, methodology, sediment, neutron, binary, bubble, dispersion, radioactive, embed, hybrid, intent, signify, undertaking, glimpse
7	instability, irrelevant, suppress, distort, parity, rotor, boost, predictor, prone, anomaly, inflammatory, construe, tolerate, presently, outset, purport, comply, prospective, manipulation, measurable
8	ultra, exacerbate, reversal, affirm, reagent, substantive, manually, periphery, circulate, predecessor, ensue, noteworthy, applicability, epic, marking, persistence, reconstruct, hostile, abrupt, viscosity
9	ward, formalism, morphological, internationally, insignificant, reaffirm, directive, submerge, orthodox, petition, electrostatic, exposition, burrow, carbonate, authorize, cohesive, iteration, depiction, inflate, titanium

上記を概観すると，平易な一般語や，過度に難解な専門用語はほとんど見られない。一方で，論文などで散見される略語（fig：図／min：分，最小）や接辞（anti：反〜／inter：〜間），また，基本的な自然科学用語（radiation：放射線／sodium：ナトリウム／compound：化合物／magnetic：磁力の／velocity：速度／nucleus：核／chloride：塩化物／molecule：分子／thermal：熱力学の），数学用語（variable：変数／equation：等式／coefficient：係数／statistical：統計的な／quantitative：計量的な），学術的な議論に関わる用語（procedure：過程／assessment：評価／interpretation：解釈／theoretical：理論的な／experimental：実験的な／empirical：実証的な／implication：示唆／distinction：区分／validity：妥当性）など，一般語と専門用語の中間に位置する「上級学術語彙」が全体としてうまく補足できていることがわかる。

　今後は，各種の学術文献をテストサンプルとして集め，本語彙表の有効性を検証するほか，これらの語彙を効率よく学習するための教材開発を行う予定である。GSLやAWLをはじめとするすぐれた先行研究の成果を受け継ぎつつ，その拡張を目指した本リストが，今後，大学院生や若手研究者など，上級日本人英語学習者のEGAP語彙学習の一助となることを期待したい。

引用文献

Bauer, L., & Nation, I. S. P. (1993). Word families. *International Journal of Lexicography*, *6*(4), 253-279.
Bauman, J. (n.d.). About the General Service List. Retrieved from http://jbauman.com/aboutgsl.html
Coxhead, A. J. (1998). The development and evaluation of an academic word list. Unpublished M.A. Thesis. Wellington, New Zealand: Victoria University of Wellington.
Coxhead, A. (2000). A new academic word list. *TESOL Quarterly*, *34*(2), 213-238.

Dudley-Evans, T., & St. John, M. (1998). *Developments in ESP: A multi-disciplinary approach.* Cambridge, UK: Cambridge University Press.

石川慎一郎（2007a）「英語教育のための基本語をどう選ぶか：コーパス言語学からの視点」『英語教育』, *55*(13), 10-12.

石川慎一郎（2007b）「主要英語語彙表の概観」『英語教育』, *55*(13), 13.

石川有香・小山由紀江（2007）「学術論文読解を目的とした指導語彙の選定」『中部地区英語教育学会紀要』, *36*, 309-316.

金丸敏幸・笹尾洋介・田地野彰（2009）「京都大学学術論文コーパスを用いた学術語彙リストの作成」『言語処理学会第15回年次大会 発表論文集』, 737–740.

笹尾洋介・加藤三保子・レヴィン＝デイヴィッド・ライアン＝ユージン（2015）「工学英語語彙リストの開発」『雲雀野』（豊橋技術科学大学人文科学系）, *37*, 71-78.

笹尾洋介・加藤三保子・鈴木新一（2014）「豊橋技術科学大学における工学系英語語彙データベースの構築―より効果的な語彙指導を目指して―」『雲雀野』（豊橋技術科学大学人文科学系）, *36*, 35-44.

Svartvik, J., & Leech, G. (2016). *English: One tongue, many voices.* (2nd Ed.). London, UK: Macmillan.

Swales, J. M. (2004). *Research genres: Explorations and applications.* Cambridge, UK: Cambridge University Press.

田地野彰・水光雅則（2005）「大学英語教育への提言―カリキュラム開発へのシステムアプローチ―」竹蓋幸生・水光雅則（編）『これからの大学英語教育』(pp.1-46). 東京：岩波書店.

West, M. (1953). *A general service list of English words.* London, UK: Longman, Green & Co.

第 2 章

難語感による ESP 単語の意味的特徴と教育課題

浅井　淳

はじめに

　学生が将来，国際的に活躍できるために，分野・領域ごとの有用性を考えて英語教育が工夫されてきた。例えば，工学系の大学・学部・学科では，英語の教材に科学技術分野の題材を選ぶことがある。この小報文では，そのような工学系の英文読解において，英単語に対して学習者が感じる難しさに対する1つの調査を行い，集計結果を示す。そして，難しかったという反応が多かった語の特に意味の特徴，ならびに，その回答の活用にあたっての教育実践上の課題に触れる。

1. 背景・経緯

　英語学習における語彙習得に関しては，内容関与的動機により，3分類された英単語学習方略の使用が促され，成果につながるという因果モデルを堀野・市川（1997）が提案するなど，理論的・実践的な研究がなされてきた。そして，学習者が感じる難しさについても検討されてきた。例えば，浅井ら（2017）は大学生がどのような英単語に対して難しさを感じるのかを調べ，さらに分析を進めて，（a）多義性，（b）対象の具体性 – 抽象性，（c）学習上・生活上の関連または馴染み，（d）対象への思察・主観

的－観察・客観的視点という4つの因子を示している。このような学習心理への関心から，難しさの感じ方について調べることに興味が持たれる。

2. 調査方法・結果

2.1 調査方法

東海地方にある大学の工学部1年生の参加者に，履修1年間で用いられた教科書中で難しいと感じた英単語を授業外時間に自由に記してもらった。教科書は計3種類あり，実用英語検定準1級程度に近い難易度の長文読解用で，広く科学技術に関する概説的な内容であった。7年間で計430名から延べ3668件の回答があり，異なり語数で909語が得られ，前置詞，接続詞を除き，900語を分析対象とした。これを回答語，そして回答の多さを難語感と略して称することにする。それとは別に，教科書から無作為に抽出して，冠詞，前置詞，接続詞，代名詞以外の異なり語数で203語を用意した。これを無回答語と呼ぶことにする。

2.2 回答集計結果

回答語の内訳は表1のとおりで，回答の最大値は40[名]であり，少ない語に多くの回答が集まった。語の長さを音節数，意味の多さを辞書の語義数（後述）で表すとして，その平均値を示す。回答語と無回答語の間には，名詞，動詞，その他という品詞の3分類間で語数の分布に差はなかった（χ^2=6.1, df=2, p<0.05）。

表1
難しい語の回答の集計

回答数	該当語数	品詞 名詞	動詞	他	音節数平均	語義数平均
17 ≦	39	17	12	10	3.0	1.1
9-16	81	42	23	16	2.6	1.9

5-8	100	54	26	20	2.7	1.6
3-4	141	59	39	43	2.8	2.0
1-2	539	246	153	140	2.6	2.2
0	203	107	40	56	2.0	3.5

2.3 語の長さ

表1に示したように回答語は音節数平均が2.7であり，無回答語の2.0と比べると長かった（マン・ホイットニー U 検定，$p<0.001$）。記憶，再生における負担感が推測される。回答数割合の音節数による分布を図1に示す。白丸は特に回答が多く，難語感の高い語への回答の割合を示す。難語感があり，それが高いほど，分布が右方へ寄った。

(1) 難しく感じられる語は，音節数が多く，長い。

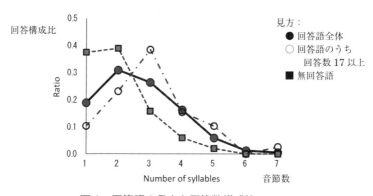

図1　回答語の長さと回答数構成比

2.4 語の意味の広さ

ここでは，語の意味の多さを表す指標として，英和・英英辞書における語義数の単純平均を用い，意味広さWとした。表1のように，回答語の語義数平均Wは2.0であり，無回答語の3.5よりも少なかった。辞書は編集方針により語義の分け方に違いがあり，数に差があるため，式(2)の値も求めた。すべての辞書に見出しがない場合，W'=0.0となり，すべての辞書の見出しにあり語義が1つの場合，W'=1.9となる。

(2) $W' = e \cdot ln\left[\left\{\sum_{i=1}^{N}(d_i) \bigg/ \sum_{i=1}^{N}(i)\right\} + 1\right]$

i: 階級 ; N: 辞書数(ここでは 8); d_i : 辞書 i の語義数

2.5 語の意味の深さ

収録語数の多さを目安として，辞書を大きく3つの階級に分けた。学研辞書編集部（2014），羽鳥・永田（2016）には頻用される基本語とその代表的な意味が収録されており，それを参加者が既知と仮定し，基準として，その各語の語義数平均と，学習中の語義が含まれる，1つ上の学習段階とした辞書（羽鳥，2015; Summers, 2000; Wehmeier, 2000）の語義数平均，そして，より語義が詳しく細分化され，上達目標の段階とした辞書（Agnes & Guralink, 2001; Sinclair, 2001; 山岸，2015）の語義数平均との差に基づく，式（3）の値を意味深さ D とした。辞書3階級間の語義数平均が等しい場合，D=0 となり，異なるほど D は大きな値となる。

(3) $D = (\pi/\sqrt{2}) \cdot \left[\sum_{i=1}^{n}\left\{ln(\bar{d}_i - \bar{d}_i^{min} + 1)\right\} \bigg/ \sqrt{n}\right]$

i: 階級 ; n: 辞書階級数（ここでは 3）;

$\bar{d}_i$: 階級 i の辞書語義数平均 ; $\bar{d}_i^{min}$: $\bar{d}_i$: の最小値

2.6 語の意味の難しさ

意味広さと意味深さで回答語の特徴を見る。まず，語の長さごとに，横軸に式（2）による意味広さ W'，縦軸に式（3）による意味深さ D で 7 階級分けした回答語数の分布を図2に表す。セルが濃いほど，あてはまる語数の割合が高い。枠が無く無色のセルは，あてはまる語が無い。目盛値は各階級の下限値を示す。上図（a）が音節数5以上，下左図（b）が同 4，下中図（c）が同 3，下右図（d）が同 1 および 2 の場合を示す。回答語全体で意味広さと意味深さとの間には相関係数 0.85*** と正の高い相関があった。結果として，回答語のうち長い語ほど，意味広さが狭く，意味深

さが浅かった。

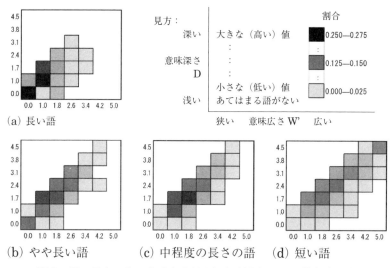

図2　語の長さごとの意味広さ W' と意味深さ D の語数割合分布

続いて，回答の多さごとによる回答数の分布を図3に表す。図 (a) は回答数が 17 以上と多かった回答語の語数が占める割合，(b) は同様に回答数 5 以上 8 以下の語の割合，(c) は無回答語の割合であり，見方は図2と同様である。回答数が多い語ほど，意味広さも意味深さも比較的小さく，狭い範囲の値になった。

(4) 難しく感じられる語は，意味範囲が小さい。

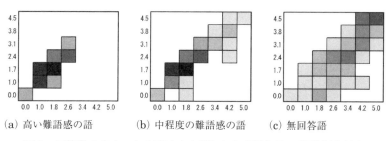

図3　回答数の多さごとの意味広さ W' と意味深さ D の語数割合分布

3. 難しさの分類と教育における対応

3.1 長い回答語の意味的特徴

難しかったという回答は，条件（1）語が長く，条件（4）意味範囲が小さい語に多かった。その意味面の主な特徴に着目すると，cerebral, diploma, nuisance, pasteurize, remuneration, respiratory, subsidy のような指示性が狭めだが学生にとって生活経験上または学習経験上，馴染みの小さい概念および語，configuration, contaminant, interdisciplinary, optimize, oscillate のような対象の物，現象，操作に客観性があるが意味構造で上位概念に位置して抽象度が高い語，assertion, immense, speculation, vulnerable のような語義は少ないが，他の語との選択において状態や程度などの主観的判断・解釈の精確性が求められる語，arsenic, fluorescent, incandescent, latrine のような細分化された対象物で意味構造の下層に位置して具体的で明瞭，つまり孤立的で他の語に置き換えにくいが，英語での使用経験が少なく，知識が不活性の語などであった。このように，今回の調査範囲において難語感の意味に関する特徴をまとめると，

(5) 難しく感じられる語は，その意味に関して
 A 生活・学習経験への関連が少ないというスキーマ形成途上の制約
 B 指示対象が客観的だが包摂上位概念で抽象的
 C 使用基準に迷うという判断・解釈要求性
 D 特定度が高くて他の語に置き換えにくいという指示上の独立性

などであり，anticipate, conventional, exclusive, sophisticate などは意味範囲がやや大きく，それらの意味的特徴の複合性があると推測された。このような難しさの感じ方への対応が教育課題の1つと考えられる。

3.2 短い回答語の意味的特徴

短い語でも難しかったという回答が多かった語がある。rip, scarce, shrub, swat などのように，(5) A 語への馴染みが小さいか，(5) C 意味基準が主観的で英語での使用経験が少ないと，解釈に迷いが生じ，難しく感じられると推測される。

3.3 難語感の判断

今回のような自由記述では表出に関して個人差があると考えられるが，主旨理解への関与・重要度が小さいと考えられる語への回答は少なかった。したがって，全体として難しさの反映として一定の信頼性があるとみなした。

3.4 教育における難語感の位置づけと活用

小テストによる学修状況の客観的把握に加えて，学習項目に関する理解程度回答による自己判断の把握，自由質問による疑問のやりとりによる学習心理の把握などが実施されている。内観・内省という深い認知処理には性格や自己調整等の個人差があるため，細やかで多面的な学習状況の把握が効果的と考えられる。

学習効率の観点からは，重要語や学術語の選定に関心が向けられてきた（例えば，Coxhead, 2000）。英語論文作成参考書の類いでは，無回答語の方が今回の回答語よりも掲載語が該当する率の高いものがある一方で，表２に示すように，学術性を志向した単語集では回答語の方が無回答語の該当率よりも高い。収録語数が多いほど該当数は多くなるが，設定目標が低くても高くても該当率は下がる。また，適度な難易度設定は学習動機の維持・向上につながる（例えば，Deci & Ryan, 1985）。難語感の情報は，習熟度の確認や知識量・学習経験の把握だけではなく，条件（5）AB に対して用例や補助資料の選定，そして（5）B に対して言い換え表現の完成課題，（5）BC に対して英作文課題，（5）BD に対して意味内容の真偽判定課題や選択課題，（5）CD に対しては同意語・類義語の選別課題や訂正必要箇所発見課題の作成など，意味的特徴に応じて，語意理解の形成と

精緻化のために活用してきている。

表2
学術語彙集の該当率（名目収録1000語あたり）

回答数	学術語		一般・学術準備語	
	Coxhead (2000)	「京大」(2009)	ワーデン (2011)	ワーデン (2016)
≧1（回答語）	.106	.185	.118	.182
0（無回答語）	.064	.044	.093	.145

4. 課題と展望

今回の内容は，題材，文脈，参加者，項目，方法ともに限られた範囲の調査であり，対象にできた英単語も限られている。また，回答に際しては学習者の状況や志向性や学習姿勢など個人差がある。それらへの対応は別の課題となる。

より広い教材，学習者層，観点で調べ，より多面的に難語感を調べると，より多くの知見が得られ，効果的な教育内容・方法の発展につながると展望される。

おわりに

この小報文では，難しかった英単語という学習者の自分自身の振り返りに基づく回答を基に集計すると，語の長さに加えて，語意の生活・学習経験への関連性，包摂関係による抽象性，使用における判断・解釈の要求性，語意の独立性などの意味的特徴が推測されるという難しさの一面を示した。そして，難語感による学習状況の把握，ならびにその活用に関する教育実践課題について簡単に述べた。

最後になるが，この調査への参加者および関係者の方々にお礼申し上げる。

引用文献

Agnes, M., & D. B. Guralink. (2001). *Webster's new world college dictionary*. Foster City, CA: IDG Books Worldwide.
浅井 淳・小西章典・石川有香・松岡真由子（2017）「英単語に対する難度感について（2）―語の心理的長さ―」『日本教育心理学会第 59 回総会発表論文集』, *309.*
Coxhead, A. (2000). A new academic word list. *TESOL Quarterly, 34*(2), 213-238.
Deci, E. L., & Ryan, R. M. (1985). *Intrinsic motivation and self-determination in human behavior*. New York, NY: Plenum.
学研辞書編集部（2014）『ジュニア・アンカー英和辞典エッセンシャル版』東京：学研教育出版．
羽鳥博愛（監修）（2015）『アクセスアンカー英和辞典第 2 版』東京：学研プラス．
羽鳥博愛・永田博人（編集）（2016）『ジュニア・アンカー英和辞典第 6 版』東京：学研プラス．
堀野 緑・市川伸一（1997）「高校生の英語学習における学習動機と学習方略」『教育心理学研究』, *45*, 140-147.
京都大学英語学術語彙研究グループ・研究社（「京大」）（2009）『京大・学術語彙データベース基本英単語 1110』東京：研究社．
Sinclair, J. (2001). *Collins COBUILD English dictionary for advanced learners* (3rd ed.). Swavesey, England: HarperCollins Publishers.
Summers, D. (2000). *Longman active study dictionary* (new ed.). Harlow, England: Pearson.
山岸勝榮（編集主幹）（2015）『スーパー・アンカー英和辞典第 5 版』東京：学研プラス．
ワーデン，P.（2011）『TOEFL TEST 究極単語 5000』東京：語研．
ワーデン，P.（2016）『TOEFL TEST 究極単語 ADVANCED3000』東京：語研．
Wehmeier, S. (2000). *Oxford advanced learner's dictionary* (6th ed.). Oxford, England: Oxford University Press.

第 2 部

語彙の指導と学習支援

第3章

理工系クラスでの英語語彙指導の実践
―半期の授業でどの程度効果があるか―

相澤一美・磯 達夫

はじめに

　理工系の大学では，英語に苦手意識を持つ学生が多い。理由はいくつか考えられる。まず，高校時代に英語が苦手で理科系を選択した学生が多いことである。私立大学では，数学が満点であれば英語の得点が極端に低くても，合格を保証する制度を導入している事例もある。

　次に工業系の学科や総合選択制の高校を卒業した学生が一定数入学してくることである。理工系の大学の場合，教員になる卒業生は工業高校で「工業科」や「情報」を担当する。教え子に進学先として自分の母校を勧めることがある。これらの高校では，英語の単位数が極端に少ないケースがある。ある県立工業高校の教育課程では，英語の単位数が最低7単位で，最大でも13単位である。普通高校の標準18単位と比べると，約半分の時間数しか英語を勉強していないことになる。

　最後に，理工系の大学では，実験や実習が多く，課題のレポートをまとめる時間がどうしても必要になる。課題のレポートは，提出期限が決められているため，学生は英語の授業の予習よりも優先せざるを得ない。英語の授業に欠席して，課題に取り組むケースさえある。

　以上のように，理工系の学生は英語学習には恵まれた環境に置かれているわけではない。しかしながら，学部の4年生になると卒業研究で専門分野の原書を輪読したり，就職のエントリシートにはTOEICのスコアを記

入したりしなければならない。また，大学院に進学すれば，国際学会に参加して論文を英語で発表したり，英語の論文を学会誌に投稿したりする機会がある。そうした際に鍵となるのは語彙力である。もはや英語が苦手だとか，英単語を覚える時間がないとは言っていられない状況である。

以上の現状分析に基づき，学部1，2年次における英語の教養科目で語彙指導を改善し，その成果の一部を検証することにした。

1. 語彙力に関する調査の概観

1.1 頻度とカバー率

授業で扱う教材に新しい単語が出てくると，教師は生徒に辞書で意味を調べさせたり，発音練習をさせたり，スペリングを覚える練習をさせたりする。しかし，生徒は教材に出てくる単語をすべて覚える必要があるだろうか。教師が何か工夫をして，生徒が最小限の努力で効率的な学習をする方法はないだろうか。

日本の英語学習者用に開発された初版のJACET 8000のリスト（大学英語教育学会基本語改訂委員会，2003）を使って，具体的に考えてみたい。JACET 8000は，British National Corpus を利用しているので，単語数は word family ではなくレマ単位で換算している。

図1は，ある年度の大学入試センター試験の読解問題（大問4から6）と実用英語検定試験の2級，準2級の英文読解問題の英文を，JACET 8000で分析した結果である（相澤，2010）。Y軸はレベル別の語彙のカバー率，X軸の1から8はJACET 8000 の1000語刻みのレベルを表している。例えば，Level 1であれば，順位が1位から1000位の単語に相当する。「8+」は，8000語を越えるレベルを表している。どの英文にも短縮形，単語以外の文字列，固有名詞などが3%から4%が含まれているので，カバー率は100%にはならない。

これら3種類の読解問題は，ほぼ同じようなカバー率の傾向を示していることが読み取れる。すなわち，1000語レベルで80%前後，2000語レ

ベルで 90% 弱，3000 語で 95% 弱となっている。3000 語レベルを超えると，カバー率の割合の増加が緩やかになる。

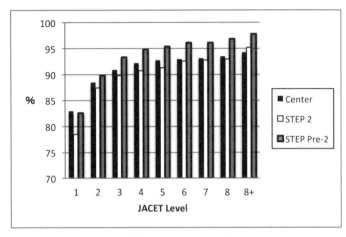

図 1　英文テキストのカバー率

　一般に，高校段階までの学習目標は 3000 語になっているが，大学入試センター試験の読解問題の英文は，短縮形，単語以外の文字列，固有名詞をすべて知っていると仮定すると，3000 語でのカバー率は 95% から 97% となる。

　たくさんの語彙を学習して，カバー率を高くすることは可能だろうか。実は，どんなテキストでもトピックに関連する情報を盛り込むために，最低限の低頻度の語彙がどうしても必要になる。これらの特殊な語彙は，テキスト全体から見ると数は少ないが，トピックに関連する内容を伝達するために必要なのである。

1.2 語彙知識と頻度との関係

　学習者のレベル別の語彙知識はどのようになっているだろうか。図 2 は，ある理工系大学の学生を対象に，JACET 8000 の語彙をどの程度知っているかを多肢選択式で測定した結果である（Aizawa, 2006）。

　問題テキストのカバー率と比較すると，ほぼ正反対の結果が得られた。

正答率は，level 4 まで，ほぼ直線的に下がり，Level 5 以降は，ほぼ横ばいとなった。レベルの異なる他大学の学生にも調査したが，正答率は異なるものの，正答率の曲線はほぼ同じパターンとなった。この結果から，学習者の語彙知識は，Level 4 までは頻度レベルと比例することが明らかになった。

以上のテキストカバー率と語彙テストのレベル別平均点から，JACET 8000 の 4000 語レベルまでの語彙学習が，当面の課題であると言えるだろう。

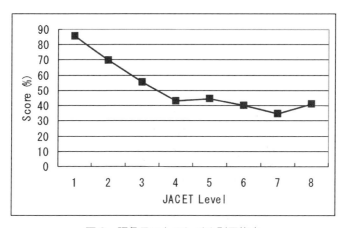

図2　語彙テストのレベル別平均点

1.3 受容語彙と発表語彙

語彙知識は，リスニングやリーディングの活動で示されたときに意味が理解できる語を受容語彙，スピーキングやライティングで使用できる語を発表語彙に区別される。従来は，受容語彙として教えて，その約半数を発表語彙として定着させることを目標とするケースが見られた（村田，1999 など）。

しかし，受容語彙としての指導と，発表語彙としての指導を分けることが，語彙の定着に結びつくであろうか。Aizawa, Ochiai, and Osaki (2003) は同じ語彙を発表語彙としての定着を目指して指導する場合と，受容語彙として指導する場合に分け，さらに学生を上位群と下位群に分け，

計4グループで指導の効果を調査した(UP = 上位発表, UR = 上位受容, LP = 下位発表, LR = 下位受容)。

図3は,事後テストの結果である。受容語彙のテストでは,UPが他のグループよりも有意に得点が高くなった。発表語彙では,UP, UR, LPの順に高く,LRが極端に低い得点となった。この結果から,英語力の高い学習者には発表語彙を目指して指導した方が,発表語彙としても受容語彙としても,定着の度合いが高いことが判明した。その一方で,下位群では,発表語彙と受容語彙のどちらも,教えたとおりの方法でテストする方が,事後テストの得点が高くなった。生徒の英語力に応じて,指導の方法を検討する必要があることが示唆される。

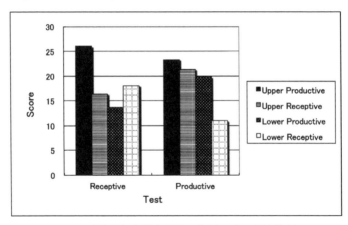

図3 受容語彙と発表語彙の指導による得点比較

1.4 語彙知識の階層

単語を提示されて,その単語の意味を知っているかどうかを即座に答えられない場合がある。記憶には,記銘,保持,想起などの段階があり,どこかが不完全だと即座に意味を思い出せないという現象になる。しかし,文脈の中では,前後関係,語構成,品詞などが手がかりとなり,その単語の意味を思い出せることがある。また,選択肢を与えられると,記憶がよみがえって,正しい答えを選べることもある。

相澤 (2008) は,文脈と選択肢が,語彙テストでどの程度手がかりとなっ

ているのかを同じ単語を使用して調査した。多肢選択式は4択なので，期待値（合計点の1/4）は誰でも得点できるので，伝統的な当て推量の修正公式を用いて，グループ間の得点を比較した。

その結果，得点の高い順に，MC Context（文脈付き多肢選択課題），MC（文脈なし多肢選択課題），Context Translation（文脈付き翻訳課題），Translation（文脈なし翻訳課題）となった。選択肢も文脈も，いずれも意味を想起するのに効果があることが明らかになった。また，以上の点から，単語記憶には，「知っている」と「知らない」の二分法ではなく，「選択肢を与えられれば思い出せる段階」や「文脈を与えられれば思い出せる段階」など，中間的な段階が存在することが示唆された。

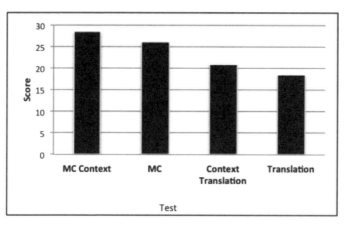

図4　設問の種類別の語彙テスト得点比較

1.5 教員の語彙頻度の直感

日本語を母語とする英語教員（以後，日本人教員）の単語の頻度に対する直感は，英語母語話者に比べてどの程度正確だろうか。Aizawa, Mochizuki, and Meara（2001）は，日本人教員と英語の母語話者の頻度の直感を比較した。単語を3語ずつ組み合わせて，頻度の高い順に並べ替える課題を，2種類作成した。Randomは，品詞は同じで意味的な関連がない3語，Synonymsは類義語となる3語を組み合わせた。問題数は，それぞれ合計14題となった。

結果として，同義語の並べ替えでは，母語話者の方が日本人教員よりも，頻度の直感が有意に優れていることが明らかになった。しかし，意味的に関連のない課題の場合は，日本人教員と英語の母語話者の間で有意差はなかった。意味的に関連のない単語の組み合わせの場合は，日本人教員は，英語の母語話者に比べて，遜色のない頻度の直感を有していることが明らかになった。

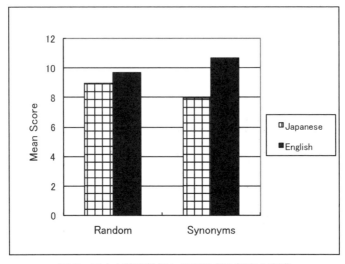

図5　日本人英語教師と母語話者の頻度の直感

2. 語彙指導の工夫

2.1 JACET 8000 による実践

　前期と後期にそれぞれ15回の授業があるが，初回の授業ガイダンス，中間考査，定期考査などを勘案すると，それぞれ10回ずつになった。頻度の高い2501位から4000位の語を集中的に復習させることを目標とするため，前期は2501位から3500位まで，後期は重点学習の意味で3001位から4000位を範囲とした。3001位から3500位は，学習者のニーズが特に高いと判断し，敢えて前期と後期で範囲を重複させた。

毎回100語を復習させ，そのうち15語を選んで出題した。問題形式は英単語を日本語訳するという単純な形式である。文脈をあえて付けなかったのは，試験を単純化するためと，選択肢や文脈の手がかりを与えないで学習の負荷を大きくするためである。出題する単語の基準は，100語の中からどうしても覚えて欲しい語，直感的に論文や専門書で頻度が高いと調査者が判断した語とした。

　出題方法は，15語を書画カメラで示し，学生は対応する日本語訳を解答用紙に書く形式である。解答終了後，学生同士に採点させた。12点を合格点として答案を回収した。不合格の場合は，翌週の授業に答案用紙の裏面に正答できなかった単語と日本語訳を5回ずつ書いて提出させた。

　さらに，中間考査や定期考査では，それぞれ5回分の試験範囲の全てから20点分を出題した。学生に繰り返し学習させることがねらいであった。なお，JACET 8000の4000語までのリストは英語語彙研究会のHPに公開されていたので，ダウンロードしてエクセル形式に保存したファイルを学生に配布した。

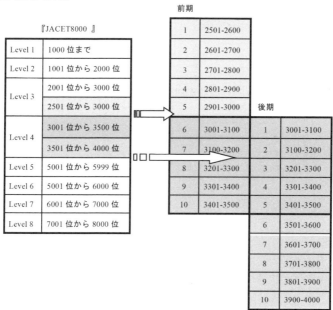

図6　単語テスト計画

2.2 語彙テストの構築

範囲を決めた小テストだけでは，学生の語彙知識がどのように変容するかを確認することは不可能である。そのため，客観的に学生の語彙知識を測定できる受容的語彙テストの文字版（VS）と音声版（AT）を開発した（Aizawa, Iso, & Nadasdy, 2017）。ここでは概略を説明する。

JACET 8000 の 1000 語レベルから 8000 語レベルに及ぶ 8 レベルから，目標語を 15 語，錯乱肢に使用する 45 語をそれぞれ品詞の割合に応じて無作為抽出法により決定した。単語抽出の際は，目標語と錯乱肢が同じ品詞になるようにして選択した。問題は，目標語を提示して，目標語 1 語と錯乱肢 3 語の日本語訳の計 4 語で構成し，1000 語ずつのレベルで 15 問構成し，計 8 レベルの合計 120 問となった。

抽出した語を使って，音声版と文字版の平行テストを設計した。従来は文字版のみの語彙テストを使用することが多かったが，TOEIC との相関では音声版の結果の方が TOEIC の総合点と相関が高い（Aizawa, Iso, & Nadasdy, 2017）という結果が報告されている。

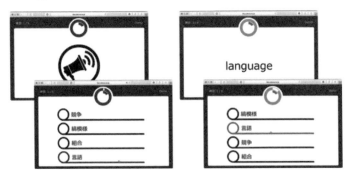

図 7　英語語彙サイズテスト（AT, VT）

AT と VT は，平行テストで，音声提示と文字提示の時間を統制している。出題順序は受験者によってまちまちになるように設定されている。いずれのテストも解答時間は 15 分程度である。

3. 語彙指導の検証

　2016年前期の授業で，上位群（42名）は指導計画に基づいた語彙テストを，下位群（39名）では各回の速読教材で使用された重要語のリストから15語を選んでテストを実施した。半期の授業で上位群は，ATでは70.79から72.83に，VTでは75.29から76.88にスコアが上昇した。しかし，統計的な有意差は見られなかった（AT : t (79.893) = -1.1796, p = n.s.; VT: t (77.434) = -0.088789, p = n.s.)。

　一方下位群では，ATでは61.51から58.82に，VTでは64.95から62.62にそれぞれ下降したが，有意差はなかった（AT: t (77.434) = -0.088789, p = n.s.; VT: t (72.97) = 0.59342, p = n.s.）。本研究では，学習効果は立証できなかった。

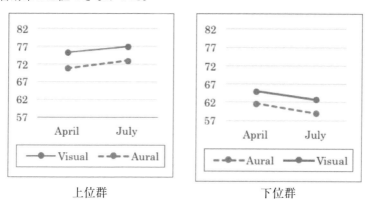

図8 群別の事前事後テスト結果

おわりに

　上位群で，語彙テストを計画的に実施し，その範囲の一部からATやVTの問題項目の語が抽出されているにも関わらず，学習効果は認められなかった。原因は2つ考えられる。

　まず，上位群の学生は，このレベルの語彙であれば高校時代に学習した記憶が残っていたため，それほど長時間の小テスト対策をしなかった可能

性がある．また，一部には最初から合格点を諦めて，不合格の課題を提出する学生も少なくなかった．全員の学生に，定期的に単語を復習させるための対策が必要である．

2つ目の理由は，小テストと語彙テスト（AT, VT）の問題形式の違いである．小テストは日本語訳を書く形式であるが，語彙テストは4肢選択形式であった．そのため，小テスト対策で学習した成果が語彙テストに反映されなかった可能性がある．

しかしながら，授業アンケートには，この実践を通じて知らない単語を辞書で調べる習慣を取り戻したとか，忘れかけていた単語を復習する機会になった，などのコメントも見られた．半期以上の指導を継続すれば，語彙力の伸びも期待できるかもしれない．

一方，下位群の学生は，授業の負担を考慮して，授業の冒頭で行う速読教材の重要語について上位群と同じ形式で小テストを行なった．しかし，語彙学習に対する意欲を持続させるのが難しかったようである．合格を諦めて，不合格者の課題を提出する学生が少なくなかった．

理工系の大学では，エンジニアに必要なレベルの英語力が求められているにも関わらず，英語が不得手なままで大学の英語の授業を終えてしまう学生が多いのは非常に残念である．授業改善を図り，語彙指導に重点をおいても，語彙力の伸びは有意差が出るほどではなかった．今後は，英語の単位数を確保し，集中的に英語を学習させる機会を設けるなど，抜本的な対策が必要であろう．

謝辞　本研究の一部は，科学研究費挑戦的萌芽研究（26580114）の助成を受けた．

引用文献

Aizawa, K. (2006). Rethinking frequency markers for English-Japanese dictionaries. In Murata, M., Minamiide, K., Tono, Y., & Ishikawa, S. (Eds.) *English lexicography in Japan* (pp.109-119), Tokyo: Taishukan.

相澤一美（2008）「英語受容語彙知識の階層性」日英英語文化研究会（編）『日英の言語・文化・教育―多様な視座を求めて―』．318-327．三修社．

相澤一美（2010）「語彙知識と英文テキストの理解―高校上級用読解教材選択の指針を求めて―」『教材学研究』．*21*．7-14．

Aizawa, K., Mochizuki, M., & Meara, P. (2001). Intuition of word frequency: What does it tell us about vocabulary knowledge? 『東京電機大学工学部研究報告』．*20*．75-82．

Aizawa, K., Ochiai, N., & Osaki, S. (2003). The effects of teaching vocabulary knowledge: Receptive vs. productive. *ARELE, 14*, 151-160.

Aizawa,K., Iso,T., & Nadasdy, P. (2017). Developing a vocabulary size test measuring two aspects of receptive vocabulary knowledge: Visual versus aural. In K. Borthwick, L. Bradley & S. Thouësny (Eds). *CALL in a climate of change: adapting to turbulent global conditions* (pp.1-6). Research publishing.net. https://doi.org/10.14705/rpnet.2017.eurocall2017.9782490057047

大学英語教育学会基本語改訂委員会（2003）『JACET List of 8000 Basic Words』大学英語教育学会．

村田年（1999）「中・高学習指導要領の語彙数を検討する」『言語文化論叢』（千葉大学外国語センター）*6*．173-186．

第4章

電子ポートフォリオ連携型英語語彙学習アプリの開発と可能性
―学習者の目標と実態に合わせた学習支援を目指して―

田中洋也

はじめに

　本稿では，コンピューター適応型テスト（Computer-Adaptive Testing，以下，CAT）の仕組みを基に新たに開発したコンピューター適応型英語語彙学習アプリ DoraCAT β版について報告する。開発したモバイル端末アプリは，iOS, Android の２つのオペレーション・システムに対応している。本アプリは，著者らがこれまで開発，学習支援，報告を行なってきた電子ポートフォリオ Lexinote（例，Tanaka, Yonesaka, & Ueno, 2015）の学習履歴とも連携し，長期にわたる学習支援が可能なこと，アプリや電子ポートフォリオに搭載する学習用データは教育機関の教育目標に合わせた改修が可能であることから，今後の発展可能性についても検討する。

　情報通信技術（Information & Communications Technology, ICT）やそれを活用した e ラーニングが外国語語彙指導・学習にもたらす効果については，これまでも数多く報告されている（例，Abraham, 2008; Chiu, 2013）。本稿で扱うスマートフォンやタブレット端末などのモバイル端末機器（hand-held device）を用いた語彙学習や学習支援の報告も数多くなされている（例，Cheng & Chung, 2008; Lu, 2008; Wu, 2015）。モバイル端末を用いた学習支援は，その可動性（mobility）により，多様な環境での学習を可能にすることからも，学習に与える効果が大きい

ことが報告されている（Sung, Chang, & Young, 2015）。しかし，幅広い習熟度の学習者層に対応でき，長期的に学習支援を行えるアプリの報告は少ない。また，同一システムの複数機器による使用ではなく，他の学習用アプリケーションと連携したモバイル端末アプリの開発事例は著者が渉猟する限り，報告されていない。本研究では，こうした点を踏まえて開発した英語語彙学習アプリ DoraCAT β 版の基本的な機能について報告し，語彙学習支援，語彙学習研究においてどのような貢献が可能かを議論する。

1. ICT を用いた言語学習支援

1.1 ICT / e-learning による言語学習・語彙学習

　情報技術，情報通信技術（ICT）を用いた言語学習には様々な形式があるが，これまでの研究は，その効果を概ね支持している（Glonka, Bowles, Frank, Richardson, & Frenik, 2012; Levy, 2009）。コンピューター支援言語学習（Computer-Assisted Language Learning, CALL）の技術は，コース管理システム，電子ポートフォリオ，電子辞書，電子的注釈，ビデオ・ゲーム，ソーシャル・ネットワーキング，ブログ，音声認識発音プログラムなど多岐にわたる（Glonka et al., 2012）。特定の言語能力，知識を対象としたもの，言語能力全般を対象としたものなど，様々な事例が存在するが，CALL 研究は語彙学習の分野においても積極的に行われている（例，Cheng & Chung, 2008; Ma & Kelly, 2006; Stockwell, 2010）。これら先行研究は，電子辞書（例，Aust, Kelley, & Roby, 1993; Koyama & Takeuchi, 2007），ビデオ・ゲーム（例，DeHann, Reed, & Kuwada, 2010），携帯電話・スマートフォン（例，Cheng & Chung, 2008; Wu, 2015）などを使用し，ICT が語彙学習にもたらす効果について検証している。

　目標言語で一定水準の受容，産出行動を行うのに十分な語彙知識を習得できるまで，その学習は時間と労力のかかる過程でもある。そのため，学習者自身が自律，継続して語彙学習に取り組むことが重要であり，ひとつ

の教室の限られた環境において単独のシステム用いたり，多面的な語彙知識の一側面のみ対象とする学習支援には自ずとその限界がある。また，学習者自身が学習を統制できる環境において，自律学習の意識やその段階を向上させることが教師，学習者，システム開発者，全ての関係者が注目すべき課題でもある（Ma, 2017）。こうした課題を背景に，著者は，これまで後述する電子ポートフォリオ Lexinote を用いた語彙学習支援を行ってきた。

1.2 モバイル端末を用いた言語学習・語彙学習

現在主流となっているスマートフォンやタブレット型コンピューターの登場以前である 1990 年代より，デスクトップ・コンピューターに対して移動可能なモバイル端末機器（例，PDA，携帯電話，ラップトップ型コンピューター）を使ったモバイル学習（M-Learning）の研究が行われてきた。言語学習においてはモバイル端末によって実現される可動性（mobility/portability），社会相互作用性（social connectivity/interaction），状況対応性（context sensitivity），個人適合性（individuality）による学習効果があるとされている（Sung et al., 2015）。中でも可動性は，その大きな特徴で，Burston（2014）によれば，モバイル端末を使った言語学習研究のほぼ 90 パーセントが教室外で行われている。これはモバイル端末を使った言語学習が教室とは切り離された非形式的なもので，生涯学習のカテゴリーにも位置することもあるためと考えられる。

以前より，モバイル端末支援言語学習（Mobile-Assisted Language Learning, MALL）は学習形態を表す用語，あるいはその研究分野として，その用語の使用が確立されてきた。スマートフォンの登場以降，可動性を伴うモバイル端末による語彙学習は特に盛んになり，最近では，モバイル端末支援語彙学習（Mobile-Assisted Vocabulary Learning, MAVL）とも呼ばれるようになっている（Ma, 2017, p. 52）。

Godwin-Jones（2010）は，モバイル端末を用いた語彙学習は，最も初期からアプリ開発者による注目を集めており，MALL 研究者によって最も多く研究されている分野であると指摘している。これは，単に語彙学

習が外国語学習において重要な位置を占めているというだけではなく，語彙を独立した学習項目として扱うことでシステムを開発しやすいということもその理由として考えられるであろう．現在，日本人英語学習者が利用できるスマートフォン・アプリを見ても，「Mikan」(mikan Co.,Ltd.)，「スタディサプリ英単語」(リクルート社)，「ターゲットの友 1900」(旺文社)，「究極英単語」(Yibei Inc.) など枚挙にいとまがない．これらに代表される英語語彙学習アプリには，例文などの文脈を伴わない項目学習型も多い．また，これらのアプリがどれほど第二言語習得研究，教育学の理論やモデルを援用しているかについては包括的な評価が必要であろう．

上記のように，一口にモバイル端末を用いた言語学習，語彙学習と言ってもその展開方法は様々であり，システムの多様性や学習者の個人差を考慮すると，一概にその効果を主張することはできない．しかしながら，モバイル端末の持つ可動性によって実現される多様な環境における学習は，自律学習，生涯学習の観点からも極めて大きな可能性を持つものと考えられ，教室など環境が制限された場所での学習と比較しても，その効果が大きいことが指摘されている（Sung et al., 2015）．

1.3 本研究の位置づけ

本研究で開発する英語語彙学習用モバイル端末アプリは，英語学習者の自律的・継続的な語彙学習支援を主たる目的としているため，他のアプリケーションとの学習履歴の統合を念頭に置くものとする．具体的には，著者がこれまで共同研究者とともに開発してきたウェブ・アプリケーションによる電子ポートフォリオ Lexinote と学習履歴を統合し，長期にわたる語彙学習支援を目指す．Lexinote を含むウェブ・アプリケーションによる学習支援は，情報通信端末の普及状況を見ても，その過渡期に立たされている．総務省による平成 29 年度版「情報通信白書」（総務省，2017）を見ても，パソコンの世帯保有率は 2009 年の 87.2% をピークに，2016 年には 73.0% まで落ち込んでいる．対して，タブレット端末（34.4%），スマートフォン（71.8%）の世帯保有率は上昇傾向にある．今後は使用機器による影響を受けにくい，あるいは複数の使用機器を連携できる学習支

援がますます重要になると考えられる。

　また，本研究で開発するモバイル端末アプリは，学習者自身による学習統制であるメタ認知モニタリング，コントロールが可能となるよう配慮する。これは，長期にわたる学習，生涯学習としての学習者による自律的な学習を支援するためである。

2. モバイル端末アプリ DoraCAT の開発

2.1 DoraCAT 開発のねらいと学習言語データ

　英語語彙学習用モバイル端末アプリ DoraCAT は，大きく4つのねらいを持って開発することとした。第一として，長期間にわたる英語語彙学習の過程を一貫して支援できるよう，初級から上級の学習者まで幅広く対応することである。第二として，パーソナル・コンピューターでのスタンド・アローン型アプリケーションや大きな作業領域を要するウェブ・アプリケーションに縛られず，また，多様な環境で手軽に学習できるようにモバイル端末アプリとしてシステムを実現することである。第三に，学習履歴を他の学習支援システム，本研究では電子ポートフォリオ Lexinote と連携することで継続的な学習支援を提供することである。第四のねらいは，学習した表現を実際の言語使用場面で応用できるよう，学習データとしてTV ドラマ・コーパスに基づいて作成した口語表現例文を使用することである。ドラマに代表されるような口語表現例文により，コンピューター適応型のトレーニングを提供することから，アプリは DoraCAT と命名した。本報告時では，第一から第三のねらいまで対応しているが，TV ドラマ・コーパスに基づいた例文については今後の課題となっている。

　独自の学習言語データの完成までは，第一のねらいを最も実現しやすく，日本の英語学習者にとって馴染みのある実用英語技能検定の級レベルに沿って学習対象語（見出し語）と例文を用意することとした。β 版のDoraCAT にはアプリ開発と調査研究目的の条件のもと，（株）旺文社に協力をいただき，学習用英単語集，「英検でる順パス単」1〜5級の計7

級(頻度順19レベル)の見出し語(英語),見出し語の日本語訳,例文(英文),例文日本語訳,見出し語と例文の音声データを使用することとした。見出し語は計7,120語で,その内訳は,1級1,918語,準1級1,505語,2級923語,準2級847語,3級852語,4級541語,5級534語である。出題頻度順に,1級から3級はそれぞれ3レベル,4級と5級はそれぞれ2レベルから成り,合計19レベルとなる。

2.2 基本機能と学習の流れ

学習者は,所属するクラスや学校ごとにグループ化され,学習期間と必要学習語数が設定される。また,個人の学習履歴のランキング表示などで周囲と自分の学習進捗度を比較することができる。

DoraCATを用いた学習は,(1)「レベル診断テスト」による学習語彙レベルの特定と学習対象語の選択,(2)「トレーニング」機能を用いた学習対象語の学習,(3)「学習履歴」から復習対象語を選択した語の学習の3段階からなっている。学習者は所属するクラスや学校で定められた期間内に目標数の単語を上記の3段階を繰り返しながら学習する。

(1) レベル診断テストによる学習

学習者は最初にレベル診断テストを受験することで学習データ内19レベルのどのレベルの語を学習すべきかを判定し,学習対象語を見つける。通常のCATは,項目応答理論によって推定されるパラメータが付与された複数の問題項目を項目プールとして置き,受験者の解答の正誤情報に応じて難易度を調整した問題項目を提示することで,受験者の知識を正確に測定することを目的としている。対して,DoraCAT β 版では,問題項目ごとのパラメータ情報を保持しないため,実用英語技能検定試験の頻度情報を基にレベル分けされた「英検出る順パス単」の19レベルを採用し,3級Aレベル(19レベル中15位のレベル)から出題,正解すると1レベル上に,不正解で1レベル下に移行する簡易的な方式を取っている。レベル診断テストは,「わからない」の選択肢を含む多肢選択の英文空所補充形式,15問から成る(図1)。レベル診断テスト受験後には級レベルに

よる診断結果,問題ごとの正誤情報が示される(図2-a)。正誤情報の横には,学習対象語とするかどうかを選択するボタンが表示され,初期は不正解の語については学習対象語として選択された状態となる。学習者は,この状態から正解した語でも学習したい語を学習対象語にすることも,不正解の語でも知っている語であった場合には学習対象語から外すこともできる。学習対象語とすべきかどうか判断がつかない場合は,該当する語をタップすることで意味,例文を表示,参照することで判断する。受験結果での学習対象語を選択した後の画面では,診断された級レベルから不正解だった語の品詞情報に基づき学習対象語の候補を3語表示する(図2-b)。さらに候補を表示させたいときは,「他の単語を見る」のボタンから新たな3語を表示させ,選択終了後には「完了」に進み,学習対象語を決定,トレーニングに進むことになる。

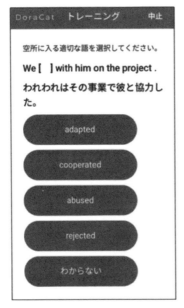

図1　レベル診断テスト　サンプル

第 4 章　電子ポートフォリオ連携型英語語彙学習アプリの開発と可能性

　　　a 正誤情報表示　　　　　　　b 学習対象候補の提示

　　　図2　レベル診断テスト後の正誤情報表示と学習対象候補の提示

（2）トレーニング機能による学習

　トレーニング機能による学習は，学習対象語の意味と例文の確認，英語・日本語の表示による未知・既知の選択，英語・日本語の表示による多肢選択，学習対象語が空所となった例文と例文訳からの適語選択の4段階からなる（図3 a-d）。学習対象語の意味と例文の確認では，単語，例文ごとの音声再生が可能である。未知・既知の選択では，「知っている」「知らない」のいずれかを選択後に正解を表示する。また，多肢選択問題，空所補充問題ともに解答選択後には正誤情報を表示する。全ての問題を正解した語は学習完了となり，学習履歴に保存される。

（3）学習履歴からの復習語の選択

　学習履歴画面では，学習日ごとに学習した語が記録，表示される。復習したい語がある場合は，「再学習」をタップしてオンにすることで，該当の語が学習対象語としてトレーニング・モードに保存される（図4 -a,b）。

51

トレーニング・モードのデータとして保存後は再び，トレーニング機能での学習が可能となる。

a 学習対象語の意味と例文の確認　　b 未知・既知の選択

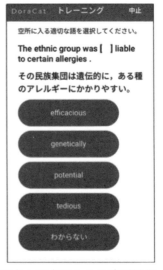

　　　c 多肢選択　　　d 例文と例文訳からの適語選択
図3　トレーニング機能による学習

a 学習履歴日付表示の確認　　b 学習履歴単語表示

図 4 学習履歴の表示

2.3 DoraCAT の可能性

　DoraCAT の今後の可能性として 2 つの方向性が考えられる。1 つは，β 版に搭載した計 7,120 語を項目プールとした本格的な CAT システムへの改修である。β 版において，異なる幅広い習熟度の学習者集団からデータを収集し，項目ごとの難易度を特定することで，その可能性が検討できると考えている。しかし，これは同時に長期間にわたって，多くの学習者からデータを収集することが必要となり，短期的な実現は容易なものではない。

　もう一つの可能性は，特定の目的を持つ英語学習（ESP）の教材としての発展可能性である。後述する電子ポートフォリオ Lexinote のように，現在の学習用言語データを特定の目的に合わせたデータに置き換え，レベルや項目難易度を付与することで学習者のニーズに合わせたコンピューター適応型学習教材として改修することが可能である。学習用言語データの項目として，見出し語（英語），見出し語の日本語訳，難易度レベル，

例文（英文），例文日本語訳，見出し語と例文の音声データが揃えば，目的に合わせた改修ができる。

3. 電子ポートフォリオとの連携

3.1 電子ポートフォリオ Lexinote

　電子ポートフォリオ Lexinote は，メタ認知制御方略の使用に基づいて，学習者の語彙学習方略使用を促すウェブ・アプリケーションである (Tanaka et al, 2015)。学習支援は，教師による課題提示，学習者自身の自律学習の2つの方法において実現している。教師による課題は，提示される動画に基づいた CMC (Computer-Mediated Communication) 活動，ウェブサイトの提示による課題語の学習，自由英作文とその結果の共有，指定した語のリハーサル学習の4種類である。各課題において使用した語，ノートに登録した語，リハーサルで学んだ語はいずれも，その知識レベルである語親密度の情報とともに各学習者のポートフォリオに蓄積される。

　蓄積された語は，教師が指定する語彙リスト情報，システムに搭載された約18,000語の語彙リスト情報と照合され，自律学習の際にフィールド機能に任意のテキストを貼り付けると，語彙リストごとに既習・未習の情報が色分けして表示され，学習者によるメタ認知モニタリングを促す仕組みになっている。なお，現行の Lexinote には，著者の所属大学で作成したビジネス・学術基礎語彙リスト（HWL942）を指定語彙リストとして搭載している。リストには，見出し語，意味，英語による定義，例文，例文訳が含まれる。学習者が，未習の語を学習したいと判断した際は，該当の語について，オンライン辞書でその情報を参照し，ノート画面で必要な情報を入力，語親密度を設定，リハーサル学習を行うかどうか選択して，ポートフォリオに登録する。リハーサルで学習する場合は，学習対象語の文字・音声の表示による未知・既知の選択，日本語の表示による学習対象語の選択，学習対象語が空所となった例文と例文訳からの適語選択の3段

階から成る．

　著者は，電子ポートフォリオ Lexinote を用いた教育実践における学習者の有用性認知についての報告を行なっている (Tanaka, Ohnishi, & Usuda, 2016)．大学1年生51名を対象に14週間に渡って行った教育実践では，Lexinote の基本の5つの主要機能（自由英作文課題，動画 CMC 課題，指定単語リハーサル課題，自律学習フィールド，オンライン辞書参照）について学習者の有用性認知を調査した．その結果，調査参加者は全般的に Lexinote の各機能が語彙学習に有効であると回答したほか，自由記述の設問では80%以上の回答が肯定的なものであった．その一方でシステムの機能を全て理解することが難しいとする回答もあり，一部，課題を残す結果ともなった．また，調査の直接の目的ではないが，その過程で使用した学習履歴からは，コンピューターによるログイン回数が限られているなど，使用機器についての課題も明らかになった．Lexinote では，指定単語リハーサル課題は，モバイル端末画面に合わせてサイズ調整も最適化しているが，その他の機能についてはモバイル端末用表示にしても，大きな作業領域が必要となり，その使用は容易ではないと考えられる．

3.2 システム連携による学習支援，語彙学習研究の可能性

　学習者の学習履歴に基づいた自律的な語彙学習をさらに支援するための有効な方法のひとつは，異なるシステムで学習した履歴を統合した運用にある．すなわち，DoraCAT で学習した履歴を Lexinote と統合することで，より学習者の語彙知識の実態に即した学習支援が可能になる．そのため，DoraCAT では，Lexinote と学習サーバーを共通にし，統一的な運用を図ることとした．これにより，DoraCAT では，Lexinote で学習・使用済みの語がレベル診断テストで提示されることはなくなる．また Lexinote では，DoraCAT で学習済みの語がポートフォリオに蓄積され，既習語として表示される．DoraCAT が，英検5級から1級まで幅広い習熟度に対応しているため，中学校・高等学校段階から学習した履歴を大学において Lexinote に引き継いで学習することも可能性として考えられる．

　また，現行の Lexinote には，著者の所属大学で作成したビジネス・学

術基礎語彙リスト（HWL942）を指定語彙リストとして搭載しているが，見出し語，見出し語訳，定義，例文，例文訳，ID（管理番号など）のデータを CSV ファイルでシステムにアップロードすることで任意の学習用語彙リストを搭載，指定することができる。そのため，工学用，医学用，ビジネス用など特定の学習目的に合わせた語彙リストと学習者それぞれの学習履歴を照合することで学習支援が促進される利点を持つ。外国語としての英語語彙学習では，一定の習熟度に到達するために長い時間をかけた自律的な学習が必要であるが，DoraCAT と Lexinote の連携によりその支援を実現できる可能性がある。

　上記のように長期にわたり，学習者の目的や知識レベルの実態に合わせた学習支援が可能となれば，語彙学習研究にもいくつかの方向性で貢献が可能になる。具体的には，学習段階ごとの語彙知識の発達過程，語彙項目ごとの学習困難度，学習行動と学習成果の個人差，未習・既習語のメタ認知モニタリングによる学習行動の調査などが，その候補として考えられる。

おわりに

　本稿では，電子ポートフォリオと連携したコンピューター適応型学習モバイル端末アプリ，DoraCAT について，その開発の目的と基本的な機能を報告した。また，学習履歴の統合に基づくシステム連携による語彙学習支援，語彙学習研究の可能性についても検討した。開発したモバイル端末アプリ DoraCAT は，初級から上級まで幅広い学習者が使用でき，学習者自身が自らの学習を統制して学習を継続できる仕組みを取っている。また，電子ポートフォリオ Lexinote と連携することで，ひとつの教室や教育機関に限定されずに，長期的に学習者の語彙学習を支援できる。さらに，長期にわたる学習履歴から学習過程を追跡することで，その実態を明らかにし，語彙学習研究にも貢献できると考えられる。しかしながら，本稿で報告した DoraCAT は，まだ開発初期の段階にあり，今後の教育実践，またその実証的研究を通じて，学習者や教育実践の実態に合うよう，システム

の改善を図っていく必要もある。

　現段階のDoraCATの主たる課題として，次の三点が挙げられる。第一として，DoraCATはCATの名称を用いているものの，項目応答理論に従った仕様ではなく，特定試験の頻度情報に基づいてテスト項目や学習候補の語が提示される。そのため提示された学習対象語やその候補が学習者の知識段階に沿ったものであるかどうかの検証が必要である。また，その検証の結果に応じて，項目応答理論を取り入れるなど，仕様の変更も検討しなければならない。次に，現在の仕様では，レベル診断テストの選択肢として，同じレベルの同じ品詞をランダムに提示している。これが問題の難易度を易化し，結果として正しいレベルを診断していない可能性もある。7,120語の各項目に対して，適切な選択肢を設定することも今後の検討課題となる。最後に，DoraCATで学習支援できる語彙知識は，ひとつの学習対象語に対し，ある特定の1つの意味と1つの例文で受容的な語彙知識に限定されている。より多面的な語彙知識の獲得には，Lexinoteなど他のシステムとの連携の他にも，アプリと連携して使用できる紙媒体の補助教材などの整備も重要な課題と考えられる。

　上記の解決は今後の課題であるが，DoraCAT β 版は，システムを用いた英語語彙学習調査に協力いただける教員とその学習者を対象に無償で公開している。また，電子ポートフォリオLexinoteも，そのシステムとプログラム・コードを公開している。これらシステムの活用と調査を通じて英語学習者，語彙学習研究に貢献できれば，著者にとっても大きな喜びである。

謝辞：本研究はJSPS科研費JP16K02887の助成を受けたものです。

引用文献

Abraham. L. B. (2008). Computer-mediated glosses in second language reading comprehension and vocabulary learning: A meta-analysis. *Computer Assisted Language Learning, 21,* 199–226.

Aust, R., Kelley, M. J., & Roby, W. (1993). The use of hyper-reference and conventional dictionaries. *Educational Technology Research and Development, 41*(4), 63-74.

Burston, J. (2014) The reality of MALL project implementations: Still on the fringes. *CALICO Journal, 31*(1), 43–65.

Chen, C. M., & Chung, C. J. (2008). Personalized mobile English vocabulary learning system based on item response theory and learning memory cycle. *Computers & Education, 51*(2), 624-645.

Chiu, Y. H. (2013). Computer-assisted second language vocabulary instruction: A meta-analysis. *British Journal of Educational Technology, 44*(2), 52-56.

DeHann, J., Reed, M.W., & Kuwada, K. (2010). The effect of interactivity with a music video game on second language vocabulary recall. *Language Learning & Technology,14*(2), 74-94.

Godwin-Jones, R. (2010). Emerging technologies from memory palaces to spacing algorithms: Approaches to second-language vocabulary learning. *Language Learning & Technology, 14*(2), 4-11.

Golonka, E. M., Bowles, A. R., Frank, V. M., Richardson, D. L., & Freynik, S. (2014). Technologies for foreign language learning: A review of technology types and their effectiveness. *Computer Assisted Language Learning, 27*(1), 70-105.

Koyama, T., & Takeuchi, O. (2007). Does look-up frequency help reading comprehension of EFL learners? Two empirical studies of electronic dictionaries. *Calico Journal, 25*(1), 110-125.

Levy, M. (2009). Technologies in use for second language learning. *The Modern Language Journal, 93*(s1), 769-782.

Lu, M. (2008). Effectiveness of vocabulary learning via mobile phone. *Journal of Computer Assisted Learning, 24*(6), 515-525.

Ma, Q., & Kelly, P. (2006). Computer assisted vocabulary learning: Design and evaluation. *Computer Assisted Language Learning, 19* (1), 15-45.

Ma, Q. (2017). Technologies for teaching and learning L2 vocabulary. In C. Chapelle, & S. Sauro (Eds.), *The handbook of technology and second language teaching and learning* (pp. 45-61). NJ: Wiley-Blackwell.

旺文社（2012）『英検でる順パス単 1 〜 5 級』東京：旺文社

総務省（2017）『平成 29 年度版 情報通信白書 ICT 白書 2017』retrieved from http://www.soumu.go.jp/johotsusintokei/whitepaper/ja/h29/pdf/index.html

Stockwell, G. (2010). Using mobile phones for vocabulary activities: Examining the effect of the platform. *Language Learning & Technology, 14*(2), 95-110.

Sung, Y. T., Chang, K. E., Yang, J. M. (2015). How effective are mobile devices for language learning? A meta-analysis. *Educational Research Review,16*, 68-84.

Tanaka, H., Ohnishi, A., & Usuda, Y. (2016). E-portfolio to enhance independent and continuous vocabulary learning in English. *ICERI2016 Proceedings*, 3539-3548.

Tanaka, H., Yonesaka, S. M., & Ueno, Y. (2015). An e-portfolio to enhance sustainable vocabulary learning in English. *The EuroCALL Review, 23*(1), 41-52.

Wu, Q. (2015). Designing a smartphone app to teach English (L2) vocabulary. *Computers & Education, 85*, 170-179.

第5章

The Use of Mobile Flashcards in Preparing Technical University Students for TOEIC®

Nicholas DUFF, Shota HAYASHI, Aya YAMASAKI

Introduction

In Japan, TOEIC® Listening and Reading (hereinafter referred as TOEIC) scores have been increasingly required for university entrance and work. In fact, Education Testing Service (2013) cites that 60% of all interviewed enterprises require TOEIC scores. Given this demand, TOEIC preparation classes have become an important part of many university English language programs. In preparing for TOEIC, one of the challenges that students face is adequate vocabulary comprehension. Chujo and Genung (2005) note that "knowledge of 3,714 words from BNC HFWL (British National Corpus high frequency word list) is required in order to comprehend 95% of the total vocabulary items used in each of the five TOEIC retired tests" (p. 6). Indeed, vocabulary is a key part of foreign language learning (Beglar & Hunt, 2005) and this is reflected on the test. While learners also recognize the importance of vocabulary acquisition (Nation, 2001), it still remains a problem for many students (Green & Meara, 1995). This may be particularly true for beginner and intermediate level students who lack an effective approach to learning vocabulary.

Given the important role that vocabulary plays in foreign language learning and TOEIC, students would likely benefit from the inclusion of structured and guided vocabulary studies in TOEIC preparation classes. Mizumoto and Takeuchi (2008) draw attention to this, noting that "learners with higher TOEIC scores had clear goals and attended to vocabulary learning strategies in conscious, coordinated, and structured manners" (p. 27). For TOEIC preparation courses, the question that follows is then: what is the most effective way for students to learn vocabulary in a given amount of time?

To begin addressing this question, learning second language (L2) vocabulary can be categorized as either an intentional or incidental process. Research has largely found approaches that are intentional and deliberate to be more effective in learning and retaining vocabulary (Chun & Plass, 1996; Folse, 2006; Hulstijn, Hollander, & Greidanus, 1996). Nation (2011) also acknowledges that "deliberate learning results in more learning than incidental learning" (p. 535). Examples of intentional vocabulary learning include mnemonic devices, analyzing word parts, visual imaging, and flashcards. In view of the comparative effectiveness of intentional studies and the recent digitization of flashcards, this article proposes using a mobile flashcard application as a means to prepare technical college students for TOEIC.

1. Addressing the problems in current vocabulary studies

Reflecting the mounting pressure to achieve high TOEIC scores for college and job applications, there is now an abundance of

TOEIC vocabulary books marketed towards students and job seekers. These TOEIC vocabulary books typically feature a large list of target English words and their translation in Japanese. In using such lists, students must inevitably decide how to learn the vocabulary. For many, this may mean falling back on old study habits of list memorization and rote spelling practice. In fact, while surveys indicate that Japanese students are aware of various intentional vocabulary learning strategies such as word cards, vocalization, and writing rehearsals (Little & Kobayashi, 2015), many learners still show a strong preference for rote-spelling practice and list learning, "where learners associate the L2 word form with its L1 translation equivalent" (Nakata, 2008, p. 4). List learning and rote spelling remain among the most common vocabulary learning strategies for Japanese learners of English. The favored use of these traditional strategies may stem from cultural influences and early educational practices. Craven (2014) explains that primary and secondary Japanese school students depend heavily on rote-learning to memorize Kanji characters. Consequently, Japanese learners of English tend to resort to these practices when learning English vocabulary.

Despite its widespread use as an intentional vocabulary learning strategy, list learning may not be the most effective means to acquiring new words. In fact, Nakata (2008) indicates that list learning impairs the recall of individual words when encountered outside the context of their original list. This is called the list effect. For students learning vocabulary in preparation for TOEIC, a suitable alternative is flashcards. Aliponga and Johnston (2013) emphasize that paper flashcards help students structure learning and lead to quick vocabulary gains. Paper flashcards have also been shown to be more effective than word lists and other decontextualized deliberate learning strategies (Nakata, 2008; Schmitt & Schmitt, 1995).

The recent digitization of flashcards through websites and mobile applications has made this self-testing vocabulary learning strategy even more effective and efficient for both learners and educators; when compared to their paper counterpart, digital flashcards have clear advantages. Quizlet, the free flashcard website and mobile application used in this study, exemplifies many of these benefits. The functions, features, and accessibility of digital flashcards ultimately depend on the services of the studying platform. Those provided by Quizlet are briefly outlined below:

1. Flashcard creation:
    Users can easily make and access flashcards with multiple stimuli (audio, context, pictures). Auto-define and text-to-speech functions (automatically generated translations and audio for target vocabulary) help learners save time inputting cues.
2. Accessibility:
    As an application, Quizlet can be used on mobile devices such as smartphones and tablets. This convenience allows users to study when and where they want to, facilitating autonomous learning.
3. Class creation and monitoring:
    Teachers can make a virtual class on Quizlet's website. They can then share flashcard sets with students and monitor their studying progress. Students registered with a class can collaborate and compete in games while also comparing progress.

4. Varied practice:

Quizlet provides a number of study modes and games to learn vocabulary. The varied practice includes spelling target vocabulary from audio and written prompts, matching translations, quizzes with multiple question types, and games.

5. User-friendly:

Accessible in 15 languages, Quizlet's website and mobile platforms are easy to use and access. Student registration requires little to no teacher assistance, meaning students can join and begin studying within the same class. Study modes are intuitive performance and results are shown clearly.

With the growing movement towards computer-assisted learning and a need for more research into the educational effectiveness of mobile applications, it is worthwhile investigating the successfulness of such technology as an instructional aid in beginner-level English courses. Given its comparative merits as an intentional vocabulary learning strategy, this pilot study focuses on the use of Quizlet in preparing students for TOEIC. Specifically, the study examines the following two questions:

1. Will technical college students' use of Quizlet mobile flashcards improve their overall TOEIC scores?
2. Do the students perceive Quizlet to be an effective tool for studying vocabulary and preparing for TOEIC?

2. Method

2.1 Description of the Course

This is a pilot study investigating whether the use of the mobile flashcard application, Quizlet, can better prepare students for TOEIC. To measure students' improvement on TOEIC, a standardized test (TOEIC IP test) was conducted at the onset and conclusion of the course. The classes were taught five times per week, for a total of 16 sessions, each session lasting 90 minutes. Class activities included vocabulary games, practice tests, grammar exercises, test-taking techniques, and pronunciation training through dialogues. For the course, a native English speaking teacher and two Japanese teachers of English planned and co-taught the class.

2.2 Participants

The participants (N=63) were Japanese technical university students, ranging from freshmen to juniors, enrolled in a three-week intensive TOEIC preparation course during the summer session. All students were non-English-majors at a beginner-level English proficiency. Students had limited exposure to English outside of the class. The course was an elective class for TOEIC preparation.

2.3 Description of the Assignments

Sets of flashcards and individual student Quizlet accounts were created before the beginning of the course so that students could quickly access and study the target vocabulary via their mobile phones. The assigned words were selected from the TOEIC official preparatory textbook (TOEIC Test Koshiki Mondaishu

- Shin Keishikimondai Taiouhen) by the teachers. Although Quizlet assignments did not factor into students' grades, student progress was regularly monitored by the teachers. Students who did not complete vocabulary review tasks were reminded to do so. Each Quizlet assignment included 15 target English words and their definitions in Japanese. Example sentences were also included as a reference for the words' use in contexts.

Quizlet's mobile application provides a number of vocabulary exercises: "Learn", "Flashcards", "Write", "Match", and "Test" (See Table 1 for a description of each exercise). Students were encouraged to try all but "Learn" and "Test" were required at the minimum to complete each Quizlet assignment. To check their vocabulary acquisition and provide feedback, paper-based mini quizzes were given at the beginning of each class. Students' scores on these quizzes were a part of their grade. Students were instructed to briefly review digital flashcards by themselves and as a whole class before these mini quizzes.

Table 1
Description of Quizlet Mobile Exercises

Exercise	Description
Learn	In "Learn", users answer multiple choice questions or translate target vocabulary from a prompt. A spaced-repetition system tracks users' mistakes and recycles missed words into new study sessions. Based on the user's performance, "Learn" separates words into three categories: Mastered, Studying, or New.
Cards	"Cards" are flashcards with enhanced features such as automatically-generated audio and pictures. Users can shuffle cards, highlight trouble words to review, and switch between an L1 or L2 prompt.

Write	In "Write", users type a translation of an L1 or L2 prompt. If the translation is incorrect or misspelled, the word is recycled until it can be spelt correctly twice consecutively. After studying, words are categorized as: Unknown, Learned, or Mastered.
Match	"Match" is a timed activity that challenges users to match L1 word cards to their L2 equivalent in the shortest time possible. One second is added to the clock for each mismatched pair.
Test	"Test" uses multiple choice, translation, and true and false question types. Feedback is given at the end of the test, showing an overall performance score as well as incorrect answers.

2.4 Data Collection

This study compares the TOEIC IP pre-test and post-test scores from the same group of 63 students. Paired t-tests were performed in order to analyze variations between the pre-test and post-test scores which were conducted on the second and fifteenth class. Along with the TOEIC IP tests, students completed a post-course questionnaire about the course contents and expressed their thoughts on the use of Quizlet as a mobile vocabulary learning application.

3. Results

As Table 2 shows, the results of t-tests indicate that the total increase in scores between the pre-test and post-test is statistically significant ($t = 10.39$, $df = 62$, $p < .05$). Total scores increased approximately 80 points. Most importantly, using the effect scale proposed by Cohen, the value of Cohen's d for total scores ($d = 1.05$, 95% CI [0.68,1.43]) indicates a large effect. Cohen's d for the reading section is .95, and .92 for the listening section, revealing that students' reading section scores improved slightly more than their scores for the listening section. Overall, the results show that students increased their TOEIC IP scores by the end of the course.

Figure 1 shows students' impressions of using Quizlet mobile flashcards for TOEIC preparation on a four-point Likert scale with "strongly agree", "agree", "disagree", and "strongly disagree." The majority of the students gave positive feedback about the effectiveness on using Quizlet according to the combined data of "strongly agree" and "agree": Almost all students felt that Quizlet did help them prepare and learn TOEIC vocabulary. Furthermore, the majority of students answered in favor of using mobile applications such as Quizlet in four skills English classes. Students' comments from the post-course questionnaire are listed below (Comments have been translated from Japanese to English.):

> About Quizlet functions
> "Quizlet has enough functions to learn words and is user friendly."
> "Quizlet is like playing a game, so I was motivated to study English."
> "I can easily know which words I already know and those I still need to work on by using Quizlet."
> "The repetition of learning and test function enables me to remember the vocabulary easier."
> "Quizlet has an audio function, so I can check the pronunciation and spelling at the same time."

About accessibility

"I can study vocab anytime and anywhere with Quizlet."
"It's easy to use because I can use my smartphone."
"I can study in my free time. Opening the app is much easier than opening my notebook."
"15 words per day was manageable. I could keep motivated."
"The list of words are already online, so I don't need to make the cards by myself."

Table 2
Results of *t*-test and Descriptive Statistics for Pretest and Posttest of TOEIC IP

	Pretest		Posttest							
	M	(SD)	M	(SD)	N	95% CI for Mean Difference		d	t	df
Total	317.3	(61.49)	397.54	(88.68)	63	0.68	1.43	1.05	10.387*	62
Listening	199.6	(39.78)	242.38	(52.72)	63	0.55	1.29	.92	7.412*	62
Reading	117.7	(36.74)	155.16	(42.2)	63	0.57	1.32	.95	8.923*	62

* $p < .05$

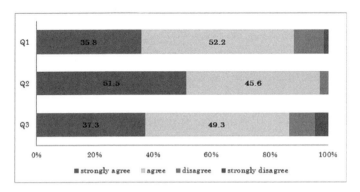

Q1. Is Quizlet more effective to learn vocabulary than writing down words on paper?
Q2. Did Quizlet help you remember vocabulary and prepare for

TOEIC?
Q3. Do you want to use mobile applications in other English classes (four skills)?

Figure 1 Students' Impressions on Quizlet Mobile Flashcards

4. Discussion

The founding goal of this study was to better prepare students for TOEIC by having them use Quizlet's mobile application as an intentional vocabulary learning strategy. In particular, we aimed to see if students would make gains on post-test TOEIC scores and if they would perceive Quizlet to be an effective study tool for TOEIC. Regarding the first inquiry, comparison of pre and post-test scores found that 89% of students improved their TOEIC scores, roughly 44% boosting their original scores by 100 points or more. This increase in scores is significant but unlikely the single product of vocabulary studies alone. Follow-up research is needed to isolate the direct effect of using Quizlet as a vocabulary learning strategy in TOEIC preparation. To address the second question, in the post-test questionnaire, students' response to the application was largely positive, many agreeing that Quizlet was a useful method to study TOEIC vocabulary. Notably, 88% of all students found Quizlet practice useful in preparing for TOEIC. These test results and positive feedback may signal students' successfulness in preparing for TOEIC.

In review of the study, preparation for TOEIC is clearly a challenge for many students. One component of this is vocabulary training. While a limited vocabulary represents a large difficulty for beginner-level students, perhaps more troubling is the lack of a study method. Students see the importance of vocabulary learning (Nation, 2001) but those with no deliberate learning strategy likely struggle studying for TOEIC. Consequently, guiding learners towards developing metacognitive vocabulary learning strategies could better help them prepare for TOEIC. Quizlet achieved this in that it gave students a clear and systematic approach to learning vocabulary. It encouraged students to reflect on their progress, the pace and frequency of their studies, and which vocabulary learning modes were the most effective for them.

5. Limitations

As a pilot study, the results are limited. One of the limitations is the small scale of the study. Data was collected from only 63 students participating in a three-week TOEIC class. Increasing both the number of participants and the duration of the study would provide more reliable results. This study was also limited by the vocabulary selected for practice. Words were chosen from mock TOEIC at the discretion of the teachers. Sourcing specific vocabulary from an official frequency list would strengthen the results and increase the replicability of the study. Another limitation is the determined quantity of vocabulary for TOEIC preparation. Students were tasked with studying only 15 words per day. Results may have been more noteworthy had the overall vocabulary size been larger.

Conclusion

This study aimed to see if deliberate vocabulary studies through the mobile application Quizlet would better prepare students for TOEIC. The majority of students made significant gains, averaging a total increase of 80 points between pre-test and post-test scores. These results are positive, but may not offer a direct indication of successful preparedness via mobile vocabulary studies. What is clear, however, is that students found Quizlet to be an effective vocabulary learning tool in preparing for TOEIC. Expanding on this study, further research to isolate and measure the direct impact of using mobile flashcards for TOEIC is needed. Additional studies to investigate learners' threshold for effective daily flashcard studies may also represent meaningful future research.

References

Aliponga, J., & Johnston, C. C. (2013). Benefits of using vocabulary flash cards in an EFL classroom. *Kansai University of International Studies Research Report, 14*, 1-6.

Beglar, D., & Hunt, A. (2005). Six principles for teaching foreign language vocabulary: A commentary on Laufer, Meara, and Nation's 'Ten Best Ideas'. *The Language Teacher, 29*(7), 7-10.

Chujo, K., & Genung, M. (2005). Utilizing the British National Corpus to analyze TOEIC tests: The quantification of vocabulary-usage levels and the extraction of characteristically used words. *TOEIC Research Report, 3*, 1-23.

Chun, D. M., & Plass, J. L. (1996). Effects of multimedia annotations on vocabulary acquisition. *The Modern Language Journal, 80*(2), 183-198.

Craven, L. (2014). Vocabulary learning strategies. *Tama University*

Global Studies Departmental Bulletin Paper, 6, 9-15.

Education Testing Service (2013). Zyouzyoukigyou ni okeru eigokatsuyou zittaichousa houkokusho [Report on English Tests in Listed Enterprises]. Retrieved from http://www.iibc-global.org/library/default/toeic/official_data/lr/katsuyo_2013/pdf/katsuyo_2013.pdf.

Folse, K. S. (2006). The effect of type of written exercise on L2 vocabulary retention. *TESOL Quarterly, 40*(2), 273-293.

Green, D., & Meara, P. (1995). Guest editorial. *Computer Assisted Language Learning, 8*(2-3), 97-102.

Hulstijn, J. H., Hollander, M., & Greidanus, T. (1996). Incidental vocabulary learning by advanced foreign language students: The influence of marginal glosses, dictionary use, and reoccurrence of unknown words. *The Modern Language Journal, 80*(3), 327-339.

Little, A., & Kobayashi, K. (2015). Vocabulary learning strategies of Japanese life science students. *TESOL Journal, 6*(1), 81-111.

Mizumoto, A., & Takeuchi, O. (2008). Exploring the driving forces behind TOEIC scores: Focusing on vocabulary learning strategies, motivation, and study time. *JACET Bulletin, 46*, 17-32.

Nakata, T. (2008). English vocabulary learning with word lists, word cards and computers: Implications from cognitive psychology research for optimal spaced learning. *ReCALL, 20*(1), 3-20.

Nation, I.S.P. (2001, May/June). How good is your vocabulary program? *ESL Magazine, 4*, 3, 22-24.

Nation, I.S.P. (2011). Vocabulary research into practice. *Language Teaching, 44*(4), 529-539.

Schmitt, N., & Schmitt, D. (1995). Vocabulary notebooks: theoretical underpinnings and practical suggestions. *ELT Journal, 49*(2), 133-143.

第3部

語彙指導から4技能指導

第6章

工学系大学生を対象とした英語多読指導の試み
―語彙レベルと読みやすさに基づく英語多読教材の比較[1]―

長　加奈子

はじめに

　近年，日本の英語教育において，多読教材を用いた学習が注目を集めている。学習者が理解可能なレベルの英語を大量にインプットする多読学習は，用法基盤モデルやインプット仮説等の言語習得理論とも親和性が高い。また卒業後の英語のニーズが高いにもかかわらず，英語に対する苦手意識が強い工学系の学生にとって，多読学習は学習者にとって負担のかからないレベルから始めることができるため，有効なアプローチだと見なされている。

　多読学習による英語力向上に関する効果が報告される一方，多読教材の言語的読みやすさの特徴については，ほとんど分析がなされていない。そこで本研究は，第二言語・外国語として英語を学習する者を対象とする多読教材を取り上げ，その特徴について議論する。

1. 外国語学習と用法基盤モデル

　1980年代以降の認知言語学の発展により，用法基盤モデルの観点から言語習得のプロセスの解明が行われている。認知言語学では，言語というものを，言語が使用される個別具体的なイベントから抽象化され，スキー

マ化され，そして習慣化されたものとしてとらえ，各言語の文法はそれら習慣化されたユニットの構造化された目録であるとする（Langacker, 1987, 2008）。また，言語は，音声を表す音韻構造と意味概念を表す意味構造とその両者をつなぐ記号構造という3つの要素から成り立っている。そして，言語を構成する，形態素レベルから，構文，談話レベルに至るまで，それぞれの構造の複雑さの度合いは異なるが，基本的な構造は同じであると考える。このような観点から言語習得を捉えると，言語使用イベントと学習者のインターアクションの重要性がわかるであろう。

Tomasello（1999, 2000, 2003）はこのような用法基盤モデルに基づき，英語を母語とする幼児の言語習得について明らかにしている。言語習得初期の段階にある幼児は，まず具体的な場面における表現の習得（1対1）を行い，その後，2～3歳位を目安に具体的な動詞ごとの動詞島構文が形成され，そして動詞島構文の構造上の類似性に基づいて，構文を一般化するとされる。

今井・針生（2007）では，名詞や動詞，属性を表す語（形容詞），助数詞や擬態語の学習について広範囲に議論している。子供は言語獲得の初期の段階では，例えば動詞であれば，実際に耳にしたことのある名詞とともに，耳にしたことのある文法構造において使用するが，発達につれて，必ずしも耳にした表現ではないパターンを生み出す。そしてある程度，子供の知識体系の中に事例がストックされると「似たものどうしを比較し，共通性を抽出し，単語レベルを超えたメタレベルの表象，つまりメタ知識を構成する（今井・針生，2007, p. 234）」と述べている。

用法基盤モデルの観点から，日本における英語学習を考えると，以下の2つの問題が出てくる。第一に，インプットの絶対的な不足である。具体的な言語使用から，抽象化しスキーマ化を行うためには，それなりのインプットの量が必要となる。母語を習得する幼児が，初期の段階で具体的な1対1対応の表現を習得し，その後多くのインプットを経て構文を一般化するのに対し，インプットの量が少なければ，具体的な1対1対応からの脱却は難しいであろう。日本のように教室を一歩出ると，英語をまったく使用する必要がないような環境下では，授業における教科書というものが，

インプットにおいて大きな割合を占めるであろう。しかし長谷川・中條・西垣（2008）が示しているように，その分量というものは決して多くはない。

そして第二の問題として，学習者にとって適切なレベルのインプットであるかどうかである。インプットの量が十分確保されれば，用法基盤モデルに基づき，習得が進むかというとそうではない。今井・針生（2007）が述べる，類似の事例を比較し，共通性を抽出するというプロセスを考えると，いわゆる Krashen（1985）のインプット仮説が提唱する理解可能なインプット（comprehensible input）である必要がある。母語の習得では，新しい言語形式と場面の対応を経験する。この経験を通して，幼児は言語形式を理解していくが，第二言語習得，特に日本のような環境では，そのような経験が欠如する。

このような観点から考えると，現在，英語教育の現場において注目を集めている多読学習は，用法基盤モデルと親和性が高いと言える。The Extensive Reading Foundation（2011）によれば，多読学習を行うにあたり，適切な教材は，1ページ中の既知語の割合が90％から98％程度で，分速150語から200語以上で読めるものであると説明している。つまりおおよそ（場合によっては，ほとんど）理解できる英語文章の中で，未知の語彙に遭遇することが可能である。しかし「多読用教材」と言っても，様々な出版社から様々なタイプが出ており，日本の英語教育環境において学習してきた学習者にとってどのくらいのレベルが適切なのかが分かりづらい。そのような問題意識から，長（2017）はイギリスの小学校英語教科書である Oxford Reading Tree を調査対象として，テクストの語彙レベルと読みやすさの特徴の分析を行った。その結果，全テクストの総語数の84.10％が中学校学習単語リスト JEV1200（Ishikawa, 2015）によってカバーされており，またリストに掲載されている 1,211 語中 1,047 語がテクストに出現していることが分かった。長（2017）では，中学校レベルの語彙の定着を図る必要がある学習者にとっては，Oxford Reading Tree が適切であることを主張した。

Oxford Reading Tree は，英語を母語とする幼児，児童を対象とし

て作成されており，多読教材としてやや特殊な側面がある。多読教材であっても，出版社や対象とする学習者が変わると，その特徴も変わる。そこで本研究では，第二言語・外国語として英語を学習する者を対象とし，紙媒体だけでなく電子書籍としても図書館に所蔵されていることの多い，Macmillan Readers を題材として，どのような学習者を対象として活用が可能なのかについて，テクストの語彙レベルと読みやすさの特徴から分析し，Oxford Reading Tree との比較分析を行う。

2. 調査方法

2.1 資材

Macmillan Education より出版されている Macmillan Readers より，Beginner Level の全 35 タイトルから，ランダムに選択した 6 タイトルを対象とする。Macmillan Readers は全 6 レベル全 184 タイトルから構成されており，今回対象とする Beginner Level は，出版社の発表では，基本語 600 語レベル，CEFR A1 レベル，TOEIC400，英検 3 級から準 2 級レベルとされている。対象となるタイトルおよび総語数は表 1 の通りである。

表 1
分析対象タイトルと総語数

タイトル	ジャンル	総語数
The Long Tunnel	thriller	2,639
The Man in the Iron Mask	adventure	10,423
The Trumpet Major	romance	9,518
The Truth Machine	science fiction	2,676
This is London	geography/environment	2,571
Washington Square	romance	8,390

注：表中のジャンルは，多読学習支援サイト MReader の分類である。また総語数は，本研究で用いた AntWordProfiler ver. 1.4.1 において算出された語数である。

総語数の違いからわかるように，Macmillan Readers の Beginner Level はレベルの幅が大きい。多読学習サイトである MReader では，上記総語数 2000 語台の 3 タイトルはレベル 2 に，総語数 8,000 語を越えている 3 タイトルはレベル 4 に区分されている。[2] 6 タイトル合わせた総語数は 36,217 語で，長（2017）で分析した Oxford Reading Tree と同規模のサイズとなる。以後，これら 6 タイトルを合わせたものを，Macmillan Readers Beginner Level Mini-corpus（MRBL-mini）と呼ぶ。

2.2 参照語彙リスト

語彙レベルの分析をするための参照語彙リストとして長（2017）では JEV 1200（Ishikawa, 2015）を採用した。その理由は，日本における検定教科書制度である。日本では，公教育の教科書はすべて検定制度で統制が行われている。特に義務教育である中学校の英語教科書は，学習指導要領に準拠するよう，学習する語彙，文法項目等が制約されている。そのような環境下で学習してきた学習者にとって，General Service List（West, 1953）や General Service List（Browne, Culligan, & Phillips, 2013）などのリストは，学習の実態に即していない可能性がある。Ishikawa（2015）が開発した JEV 1200 は，中学校英語検定教科書 6 種類のうち，2 種類以上に出現していることを基準に，中学生が学ぶ語彙リストとして開発されている。また，高校生を対象とした語彙リストである HEV 1800 は，British National Corpus と Corpus of Contemporary American English を基に作成されているが，大学入試センター試験コーパスおよび大学入試二次試験コーパスの語彙カバー率の高さから，JEV 1200 同様に，日本の公教育で英語を学習した学習者にとっては極めて適当な語彙リストであると言えるだろう。

本研究は，長（2017）の結果との比較検討を行うために，MRBL-mini に対しても JEV 1200 を用いて語彙レベルを分析するものとする。

2.3 分析ツール

参照語彙リストである JEV 1200 を用いた分析ツールとして，本研究では，AntWordProfiler ver. 1.4.1 を使用した。また読みやすさ指標の算出のために，長（2017）同様，オンライン上で提供されている Tests Document Readability を使用した。

3. 結果と考察

3.1 語彙レベル

MRBL-mini の出現語彙を中学学習語彙リストである JEV1200 を用いて分析を行った。その結果を表2に示す。

表2
MRBL-mini の語彙レベル

語彙リスト	総語数	カバー率（語数）	異語数	カバー率（異語数）
JEV1200	27,872	76.96	1,134	55.51
リスト外	8,345	23.04	909	44.49

長（2017）によると，Oxford Reading Tree は，総語数のうち84.10％が JEV1200 にカバーされていたが，MRBL-mini はそれよりも低い76.96％のカバー率となった。また，JEV1200 に収録されている1,211語のうち1,134語が MRBL-mini において出現していた。その一方，リスト外，つまり中学学習レベルを越える語彙が909語存在することが分かった。

次に，タイトルごとのカバー率を見る。2.1でも述べたように，Macmillan Readers の Basic Level はタイトルによって，易しめのものと難しめのものとに分かれている。それぞれのタイトルの語彙レベルを表3に示す。

表 3
MRBL-mini のタイトル別 JEV1200 カバー割合

タイトル	総語数	カバー語数	カバー率（語数）	異語数	カバー率（異語数）
The Long Tunnel	2,639	2,167	82.11	403	76.91
The Man in the Iron Mask	10,423	7,543	72.36	656	65.54
The Trumpet Major	9,518	7,878	86.78	631	75.48
The Truth Machine	2,676	1983	74.10	286	75.26
This is London	2,571	1,998	77,71	421	78.90
Washington Square	8,390	6,303	78.56	531	73.75

総語数が最も多かった "The Man in the Iron Mask" のカバー率がカバー語数，異語数ともに低かったことから，語彙レベルという点では，一番難易度が高いと言える。しかし他の 5 つのタイトルについては，MReader の 2 つのレベル分けと一致するような特徴は見られなかった。

3.2 読みやすさの指標

本研究では読みやすさの指標として Gunning Fox Index (GFI)，Flesch Kincaid Grade Level (FKGL)，Flesch Reading Ease (FRE) の 3 つの指標を見た。GFI は，対象とするテクストの 1 文あたりの平均語数と 1 単語あたりの平均音節数を基に算出され，当該テクストを初見で理解するために必要な学校教育の年数を示している (Gunning, 1952)。また，FKGL は，FRE をアメリカの公教育の学年に落とし込んだものである (Kincaid, Fishburne, Rogers, & Chissom, 1975)。さらに FRE は算出のもととなるデータは，GFI と同じであるが，スコアの表示が 0 から 100 の間で示され，数値が高いほど読みやすいとされる (Flesch, 1948)。

分析の結果，MRBL-mini の GFI は 5.43，FKGL は 3.46，FRE は 82.16 という結果となった。また 1 文あたりの平均語数は 6.69 語であった。長（2017）において分析された Oxford Reading Tree の 6 つのレベルのうち，最もレベルが高かった Stage 7 では，GFI が 3.72，FKGL が

1.98，FRE が 91.52，1 文あたりの平均語数が 6.00 語であったことと比較すると，Oxford Reading Tree の Stage 7 よりも読みにくいテクストであることがわかる。特に興味深いものは，FKGL の値である。2002年度から 2005 年度に使用された中学校の英語検定教科書の読みやすさ指標を分析した Kitao and Tanaka（2009）では，中学校 1 年生の教科書の平均値は 2.00，2 年生は 3.05，3 年生は 3.45 であった。Oxford Reading Tree は Stage 7 でも 1.98 と中学校 1 年生レベルであったが，MRBL-mini は 3.46 となり中学校 3 年生の教科書レベルの読みやすさであると言えるだろう。

次に，タイトルごとの読みやすさ指標を表 4 に示す。

表 4
MRBL-mini のタイトル別読みやすさ指標

タイトル	語数	GFI	FKGL	FRE
The Long Tunnel	6.78	4.05	2.92	86.16
The Man in the Iron Mask	6.72	5.49	3.25	83.72
The Trumpet Major	6.80	4.93	3.10	84.95
The Truth Machine	5.26	6.80	3.26	81.08
This is London	8.95	6.57	5.12	74.32
Washington Square	6.61	5.72	4.01	78.07

注：語数＝1 文あたりの語数，GFI=Gunning Fox Index，FKGL=Flesch Kincaid Grade Level，FRE=Flesch Reading Ease

総語数が少ない "This is London" は，MReader においては，Basic Level の中でも低い方のレベルに分類されているが，読みやすさ指標では全 6 タイトルで最も難易度が高い。林・丸尾・川瀬・長（2017）では，物語文と非物語文の多読教材を比較し，学習者にとって，非物語文の教材の主観的難易度が高く，非物語文の教材を回避する傾向にあることを報告している。本研究では，非物語文は 1 タイトルのみであるため結論づけることはできないが，学習者が非物語文を回避する背景に，非物語文の読み

やすさ指標の高さが存在する可能性がある。

おわりに

　本研究は，英語学習者を対象とする多読教材から Macmillan Readers の Basic Level を取り上げ，語彙レベル，読みやすさ指標の観点から分析を行った。その結果，総語数の内，76.96% が中学校学習語彙リストである JEV1200 でカバーされており，JEV1200 に収録される 1,211 語のうち 1,134 語が出現していた。その一方，リスト外の語が全体の 23.04%，909 語出現しており，語彙レベルとしては，高校生以上レベルであると考えられる。また読みやすさ指標では，FKGL の値から中学 3 年生の検定教科書よりやや難しめ程度であることがわかった。語彙レベルと読みやすさ指標という観点から考えると，MRBL-mini は高校 1 年生以上のレベルであると言えるだろう。本研究で示した値によれば，難易度としてそれほど高くはないが，実際に読んでいる学生の理解度を見ると Basic Level は決して難易度の低いレベルではない。特に MReader のレベル 4 に分類されるタイトルについては，英語を専門とする学生でも，内容理解に困難を来す場合もある。今後，語彙レベル，読みやすさ指標に加え，テキストタイプや読解ストラテジーの使いやすさ等も検討する必要があるだろう。

　英語の多読学習は中学，高校，大学と様々なレベルにおいて実践が行われている。英語の苦手意識の強い工学系の学生に対してより効果的に多読学習を行うためには，本研究で分析した読みやすさ指標をはじめとする多読学習用教材の特徴，読解ストラテジーとの関係など，様々な観点からの検証が求められるだろう。

注
　1. 本研究は，科学研究費補助金基盤研究（B）「工学英語語彙の自律学習・

共通評価システム J-ENG2 の構築」(16H03445) の研究の一部である。
2. MReader (http://www.mreader.org) とは多読学習を支援するためのオンライン学習サイトで，学習者が小テストを受験することで多読学習の理解度を測定し，読書量を管理する。本サイトは，複数の出版社の多読教材を独自のスケールで 11 のレベルにレベル分けしている。

引用文献

AntWordProfiler (Version 1.4.1) [Computer Software]. Retrieved from http://www.laurenceanthony.net/software/antwordprofiler/
Browne, C., Culligan, B., & Phillips, J. (2013). The new general service list: A core vocabulary for EFL students & teachers. Retrieved from http://www.newgeneralservicelist.org/info/
長 加奈子（2017）「多読教材の英語リメディアル教材としての可能性：語彙レベルと読みやすさの観点から」『福岡大学人文論叢』, *49*, 121-134.
Flesch, R. (1948) A new readability yardstick. *Journal of Applied Psychology, 32* (3), 221-233.
Gunning, R. (1952). *The technique of clear writing*. New York: McGraw-Hill.
長谷川修治・中條清美・西垣知佳子（2008）「中・高英語検定教科書語彙の実用性の検証」,『日本大学生産工学部研究報告 B』, *41*, 49-56.
林 幸代・丸尾加奈子・川瀬義清・長 加奈子（2017）「多読教材の選定から見える学生の英語力」外国語教育メディア学会九州・沖縄支部第 46 回支部研究大会，佐賀大学，2017 年 6 月 3 日.
今井むつみ・針生悦子（2007）『レキシコンの構築：子どもはどのように語と概念を学んでいくのか』東京：岩波書店.
Ishikawa, S. (2015). A new corpus-based methodology for pedagogical vocabulary selection: Compilation of "HEV 1800" for Japanese high school students,『中部地区英語教育学会紀要』, *44*, 41-48.
Kincaid, J. P., Fishburne, L. R. P., Jr., Rogers, R. L., & Chissom, B. S. (1975) *Derivation of new readability formulas (Automated Readability Index, Fog Count and Flesch Reading Ease Formula)*

for Navy enlisted personnel. Memphis, TN: Naval Air Station.

Kitao, K. & Tanaka, S. (2009). Characteristics of Japanese junior high school English textbooks: From the view point of vocabulary and readability. *Journal of Culture and Information Science, 4* (1), 1-10

Krashen S. (1985). *The input hypothesis: Issues and implications.* New York: Longman.

Langacker, R.W. (1987). *Foundations of cognitive grammar, vol. 1, Theoretical prerequisites.* Stanford: Stanford University Press.

Langacker, R.W. (2008). *Cognitive grammar: A basic introduction.* Oxford: Oxford University Press.

Test Document Readability [Online Software]. Retrieved from https://www.online-utility.org/english/readability_test_and_improve.jsp

The Extensive Reading Foundation (2011)『国際多読教育学会による多読指導ガイド』Retrieved from http://erfoundation.org/wordpress/guides/

Tomasello, M. (1999). *The cultural origins of human cognition.* Cambridge, MA: Harvard University Press.

Tomasello, M. (2000). Do young children have adult syntactic competence? *Cognition, 74,* 209-253.

Tomasello, M. (2003). *Constructing a language: A usage-based theory of language acquisition.* Cambridge, MA: Harvard University Press.

West, M. (1953). *A general service list of English words.* London: Longmans, Green & Co.

第 6 章　工学系大学生を対象とした英語多読指導の試み

第 7 章

知的財産分野の ESP
―内容言語統合型 ESP の実践―

井村　誠

はじめに

特許や商標，意匠，著作権などに代表される知的財産（Intellectual Property）は，理系（科学技術）と文系（法学・ビジネス）の両側面をあわせ持つ分野であり，同時にまた国際性が強く求められる分野でもある。本稿ではこのような特色をもつ知的財産分野の ESP について，筆者が勤務校（大阪工業大学知的財産学部）で実践している内容言語統合型 ESP の授業設計と教授法について述べる。

1. アプローチとメソッド

1.1 ESP と CLIL

ESP 教員が教えるのはあくまでも言語であって，専門教科の内容ではないというのが従来の ESP における基本的な考え方である（Dudley-Evans & St. John, 1998:11）。しかし，本稿ではそのアプローチを取らない。確かにこの考え方に基づけば，専門教科の内容に関する知識を前提とせず，全ての英語教員に門戸が開かれる面もあるが，実際問題として題材内容に関する予備知識や興味を全く持たないまま教えることはできないし，またそのジャンル特有の言語形式を知識として教えたとしても，そ

のこと自体が言語習得につながるものでないことは，これまでの言語習得研究や学習理論が既に明らかにしているところである．Figoni & Imura (2013) は ESP 教員のロールモデルとして，通訳者モデル，ジャーナリストモデル，役者モデルを提唱している．これらの職業に共通していることは，いずれも対象とする分野の専門家であることを要件としないが，限定的な範囲であれ対象分野の内容について学習し，状況に応じて適切な情報のやりとりや自然な仕草ができるまで表現技能に習熟しているという点である．これを ESP 教員にあてはめれば，少なくとも当該分野に関連する基本的なことがらについては英語で説明や応答ができる程度の知識と技能を身につけていることを意味する．

本稿は以上の立脚点に立って，内容言語統合型学習 (CLIL: Content Language Integrated Learning) のメソッドに基づくコンテンツ重視の ESP を目指すものである（井村，2015）．CLIL の教授法としての主な特徴は以下の 4 項目である (Coyle et al., 2010)．

1) 基本的に授業は目標言語で行う (learning through language)
2) 理解を助けるために母語を用いてもよい (translanguaging)
3) 思考力を養う (lower order thinking → higher order thinking)
4) 協同学習 (cooperative learning)

したがって授業は講義の一部を英語で行うことを軸にし，授業自体が英語を使ったコミュニケーションおよび思考の場になることを旨とした．

1.2 フィールド調査と教材作成

まず教材を準備するにあたり，知財教育および知財実務の実態調査と資料収集を目的として米国のワシントン大学ロースクール，米国特許商標局 (USPTPO)，特許事務所などを訪れ，フィールド調査を実施した（井村編，2009）．ワシントン大学ロースクールでは，シラバスや教科書，参考書類などを収集するとともに，授業を参与観察して講義や学生による模擬裁判の様子などを録画し，教員と学生に対してインタビューを行った．米国特許商標局では，担当官による施設説明と業務内容に関する講義を受けたほ

か，USPTO の歴史と業務内容を紹介する貴重な映像資料を得ることができた。特許事務所については Finnegan と Oblon の 2 社を訪問し，弁護士やスタッフにインタビューを行って，米国における特許実務を垣間見ることができた。

このフィールド調査で得た知見や資料を基にして独自の教材を作成し，授業に組み込むことにした。具体的には知的財産に関する基本的なコンセプトについて Bouchoux（2008）などを参考にして書下ろしのリーディングテキストを作成するとともに，その内容について英語で講義をするための視聴覚教材（パワーポイント・映像教材）の作成を行った。

2. 授業設計

2.1 カリキュラム上の位置づけ

大阪工業大学知的財産学部では，学年進行に沿って段階的・体系的に専門性・実務性の高い授業が履修できるように英語科目を配当している（表1）。

表1
大阪工業大学知的財産学部英語科目カリキュラム体系

配当年次	科目名		科目特性（単位）
3年次以上	知的財産専門英語 I	知的財産専門英語 II	選択必修 （半期2単位）
	ビジネス英語	英語プレゼンテーション	
2年次以上	法学英語基礎 I	法学英語基礎 II	選択科目 （半期1単位）
	資格英語 I	資格英語 II	
	メディア英語 I	メディア英語 II	
1年次以上	発信英語 I	発信英語 II	一般英語 （半期1単位）
	受信英語 I	受信英語 II	
	ブリッジイングリッシュ I	ブリッジイングリッシュ II	リメディアル （半期1単位）

1年次以上配当の科目は一般英語およびリメディアル科目で，「受信英

語」はリーディングおよびリスニング,「発信英語」は英会話を中心とする科目である。2年次以上配当の科目は「メディア英語」が視聴覚教材およびe-learning教材を用いた科目,「資格英語」がTOEIC対策科目,「法学英語基礎」が法律英語を学ぶESP科目となっている。そして当該科目「知的財産専門英語Ⅰ」は,3年生以上を対象とする半期15週2単位の専門英語科目で,カリキュラム上は2年次までに配当される教養領域の英語科目とは別に,専門領域の科目として卒業に必要な選択必修科目の1つとなっている。なお2年次以上配当の科目はコース制(1. 知的財産プロフェッショナルコース　2. ブランド&デザインコース　3. ビジネスマネージメントコース)とも連動しており,学生は自分の将来のキャリア設計に応じて推奨コースを中心に英語科目を選択して履修する。これら選択必修科目の2単位を含めて,卒業に必要な英語科目の履修単位は最低10単位以上となっている。

2.2 シラバス

シラバスでは何を(目的・目標)どのように(方法)学び,どう評価するかをそれぞれ「授業のねらい」「到達目標」「授業計画」「評価」の欄に以下のように記述している。

2.2.1 目的・目標

〈授業のねらい〉

専攻分野における基礎知識を英語で理解し,説明できる力を身につける。また,実務にかかわる法律文書および技術文書の特徴についても学ぶ。

授業の目的(purpose)は2つあり,1つは知的財産の基礎概念を英語で理解し(受信的側面)表現できる(発信的側面)ようになること。もう1つは英文特許明細書の読み方と書き方について理解することである。

〈到達目標〉

1. 知的財産関連の基本的な語彙を身につける（語彙力） 2. 知的財産の基礎概念に関するテキストを読んで・聴いて理解する（読解力・聴解力） 3. 知的財産の基礎概念について英語で説明できる（表現力） 4. 知的財産関連の問題について英語で質問・応答ができる（質疑応答力） 5. 英文特許明細書を読んで理解することができる（実務的英語能力）

　到達目標（objectives）は目標に到達するためのステップであり，can-do statement の形で記述した。なおこれらの到達目標について，総合的に 60% 以上の達成度をもって合格基準としている。

2.2.2 方法

〈授業計画〉

授業	テーマ	内容
第1回	Orientation	1) Why do we learn IP English? 2) What do we learn in IP English? 3) How do we learn IP English?
第2回	History of invention	1) What is (an) invention? 2) What is the difference between invention and discovery? 3) What was the Renaissance? 4) What was the Industrial Revolution? 5) What are some important inventions?
第3回	What is intellectual property?	1) How do you define intellectual property? 2) What are some examples of intellectual properties? 3) How do they differ from other properties? 4) Why do we have to protect intellectual property rights?

第 4 回	IP laws (1)	1) What are IP laws? 2) What is the purpose of the patent law? 3) What are the three patentability conditions? 4) What is the purpose of the copyright law?
第 5 回	IP laws (2)	1) Are there international differences in IP laws? 2) What are patent infringement and its remedies? 3) What are copyright infringement and its remedies?
第 6 回	IP Organization	1) World Intellectual Property Organization (WIPO) 2) Japan Patent Office (JPO) 3) United States Patent and Trademark Office (USPTO)
第 7 回	IP Treaties	1) Why do we need international treaties for IP? 2) What are some important international treaties for IP?
第 8 回	Mid-term review IP Issues	Mid-term exam 知的財産関連の話題（英作文課題）
第 9 回	英文特許明細書 IP Issues	プロローグ 英作文演習
第 10 回	英文特許明細書 IP Issues	Description の書き方 英作文演習
第 11 回	英文特許明細書 IP Issues	Claim の書き方 英作文演習
第 12 回	英文特許明細書 コーパス演習	Abstract の書き方 Step 1：データの収集
第 13 回	英文特許明細書 コーパス演習	その他の留意事項 Step 2：コーパスの作成
第 14 回	英文特許明細書 コーパス演習	翻訳用原稿作成上の留意点 Step 3：コーパスの活用
第 15 回	まとめ	期末レポート

授業内容は授業目的に合わせてコース前半（英語による知的財産の基礎概念の理解・表現）とコース後半（英文特許明細書の読み方・書き方）に大きく分かれている。なお主たる教材として，前半は自主教材（プリントとパワーポイント）を用い，後半は日本工業英語協会刊行の『工業英語を基礎とした特許英語：英文特許出願明細書の書き方』（岡田，2006）を教科書として用いている。

2.2.3 評価

評価は平常点（50%）試験・レポート（50%）の割合で総合的に査定し，到達目標に対して 90% 以上の達成度を A，80% 以上を B，70% 以上を C，60% 以上を D，60% 未満を F（不合格）としている。なお平常点については，毎回の単語小テストの成績，その他課題提出状況，授業内活動を総合して素点化するが，欠席が3回を超えた場合（4回以上欠席）は単位認定不可としている。

3. 授業実践

3.1 コース前半

前章で述べたように，コース前半7回の授業では知的財産の基礎概念について英語で理解することが授業の中心となる。学生（3年生以上）はすでに内容についての基礎知識を持っており，親しみやすさを感じる者も多い。したがって日本語に訳すことではなく，英語に集中して，英語を使うことを通して内容を理解しながら運用能力を身につけることに意識を向けさせる。授業構成は概ね単語小テスト（10分）英語による講義（25分）リーディング・リスニング（25分）言語活動（20分）連絡その他（10分）である。

3.1.1 単語小テスト

知的財産関連の専門用語を中心に，毎回授業の初めに10分間の単語小

テストを行っている。単語テストは授業へのスムーズな導入となると同時に，結果は平常点に反映されるので，自然に遅刻防止の機能も果たす。問題は予習単語 10 問と復習単語 10 問から成り，予習テストはショートセンテンス中の単語の意味を選択する形式，復習テストは前回と全く同じ単語を空所補充する形式で，同じ単語を受信・発信の両面から学習できるようにしている。

3.1.2 英語による講義

各単元のテーマについて設定した Key Questions に答える形で，英語によるミニ講義を行っている。講義はパワーポイントを用いて行い，学生にはスライドに沿って要点を書き込めるようにしたワークシートを配布している。学生は英語でメモを取りながら講義を聴いて理解する。講義内容はリーディングテキストと連動しているので，その導入の役割も果たす。

（ワークシート例）

> Unit 3 What is Intellectual Property?
>
> 〈Key Questions〉
>
> 1. How do you define intellectual property?
> 2. What are some examples of intellectual properties?
> 3. How do they differ from other properties?
> 4. Why do we have to protect intellectual property rights?
>
> 〈Note Taking〉
>
> 1. Definition
>
> 2. Examples
>
> 3. Difference
>
> 4. Why protect IP?

3.1.3 リーディング・リスニング

講義の後，テーマの内容を文章でまとめたテキストをリスニングして音読する。なおリスニング用の音声はテキスト読み上げソフト（GlobalvoiceEnglish3）を使って作成した。

（テキスト例）

> Intellectual property is something which someone has invented and has the exclusive right to make or sell. For example, books, paintings, inventions, industrial designs, and trademarks are all intellectual properties. Unlike other properties, intellectual properties are intangible, meaning you cannot touch or feel them. Of course, you can touch books, paintings, or newly invented machines, but intellectual property is not exactly about the physical objects themselves but the expressions or ideas manifested in them. Therefore, intellectual property can be regarded as legal rights related to those creations of the mind. Intellectual properties can be copied and spread quite easily. Therefore, intellectual property must be protected in order to secure the property rights of owners as well as to promote creativity for the sake of economic and social development. In other words, the protection of intellectual property has two aspects: one concerning the protection of human rights and maintenance of social order, the other concerning the promotion of industry. These two aspects are not always compatible and sometimes conflict with each other, so we ought to find the right balance between them.

3.1.4　言語活動

言語活動は，記憶や理解（lower order thinking）のレベルから批判的思考（higher order thinking）へと至るように以下の3ステップで行う。

Step 1（質問に答える）

ペアワークなどで互いに Key Questions に答えさせる。その際テキストを参照しても良いが，質問に対して適切な形に適宜修正して答えるよう

指導する（代名詞や助動詞の使用，why に対して because で答えるなど）。

Step 2（説明する）
　単純な受け答えから一歩進んで，理由や具体例を挙げて説明させる。
　例：Explain why we need to protect IP considering its nature.

Step 3（ディスカッションする）
　グループワークなどでいくつかのテーマについて話し合って発表させる。例：
1）Can we treat intellectual properties like other properties? Why? / Why not?
2）Wouldn't the protection of IP interfere with human rights?
3）Will the protection of IP always promote industries?

3.1.5 その他
1）Review
　授業の初めに前回学んだ内容を英語で簡単にまとめる練習をすることにしている。基本的には，Key Questions に対する答えを順に並べていけば要約となる。

2）コメントシート
　授業の終わりには B6 サイズの用紙に，授業で学んだこと・感想・質問などを書かせ，翌週の授業でフィードバックするようにしている。

3）視聴覚学習
　Unit 6 で知的財産関連機関について学んだ後，USPTO（米国特許商標局）の紹介映像（DVD）を使った視聴覚学習を行っている。映像は全部で 20 分程度あるので 3 回の授業に分け，毎回 5 〜 7 分程度視聴する。視聴のポイントとなる質問はワークシートで提示しておき，視聴後にトランスクリプトを参照しながら答えを記入させるようにしている。

(テーマ)
　1. Introduction　2. History　3. Typical Day at USPTO
　4. Trademarks　5. Training　6. Today's USPTO

(ワークシート例)

USPTO (1)　以下のポイントを押さえながら，みてみよう。
1. Introduction
　・USPTPO は，最初どのように始まったか。
2. History：USPTO の所在の変遷をたどってみよう
　・1790 年に，特許法を正式に法律にすることに署名したのは誰か？
　（以下省略）

(トランスクリプト例)

1. Introduction
　・In the 19th century, the patent office employed 40 women to make copies of patents by hand.
　・Modern information technology has changed everything both in terms of the works USPTO receives and how it is processed.
　・Applications for patents and trademarks can be filed electronically.
2. History
　・The patent system is as old as the country itself. It is included in the founding document of our nation, the Constitution of the United States.
　・George Washington signed the first patent statute into law on April 10, 1790.（以下省略）

4) LMS
　授業運営および学習支援のためのツールとして Moodle を利用している。サイトには授業で用いる資料や音声ファイルのほか，語彙学習の e-Learning（Quizlet）などを使って学習者が自学自習できるようにしている。なおサイトはセキュリテー上の理由で学外には公開されていないが，学生は VPN（Virtual Personal Network）を通じて学外からでもアクセスできるようになっている（図 1）。

第 7 章 知的財産分野の ESP

図 1　学習支援サイト

3.2 コース後半

コース後半では授業形態を学生主体の演習形式に切り替え，英文特許明細書の内容について学ぶとともに，知的財産関連トピックの英作文およびコーパスの活用法について指導を行なっている。

3.2.1 教科書演習

特許明細書は，法律文書である Claim（請求項），技術文書である Description（明細書），一般文書である Abstract（要約）から構成されており，授業では教科書（岡田，2006）を用いてこれらのジャンルテキスト（Swales, 1990）の特徴（構造と機能）を学んでいく。特許明細書は一般的に無味乾燥なものと思われているかも知れないが，様々な物質の名前や，装置の構造・機能・動作などが記載されており，先端的な技術を

垣間見ることもできる。英文特許明細書はこのような点で英語学習の宝庫ともいえることを授業の初めに強調している。授業ではまず学生がレジュメを作成して分担個所の内容を要約発表し，その後質疑応答を交えながら補足説明を行っている。それぞれの文書の指導項目について，以下要点のみ記載する。

1) Claim（請求項）
　Claim は，特許の権利範囲を主張（claim）する法律文書で，特許申請の要となる部分である。一般に "X（発明対象）comprising:（部材 a），（部材 b），（部材 c）..." という形式をしている。特許の請求範囲を狭めてしまわないようにすることが最も重要なポイントであり，以下のような留意点を学ぶ。
- 構成要素を表す表現としては要素を限定しないように通常 comprising を用い，医薬品など要素を限定する必要がある場合を除いて consisting of は用いない。
- 第 1 項（独立請求項）においては，発明の基本部分についてできるだけ包括的な用語（generic terms）を用いて記述し，要素が限定されないように工夫する。（例：USB memory → memory means/spine and spar → supporting member）
- 冠詞の使い分け（初出：不定冠詞／既出：定冠詞）に注意する。

2) Description（明細書）
　Description は，発明の内容を具体的に記す技術文書であり，その 6 つの下位項目について以下のような留意点を学ぶ。
① Title of the Invention（発明の名称）
- すべて大文字で書き，冠詞は省略する。
- 代名詞を使わない（例：X DEVICE AND METHOD DOE MANUFACTURING IT → THEREOF）。
② Field of the Invention（発明分野）
- 国際特許分類（International Patent Classification）に従って書く。

③ Background of the Invention（発明の背景）
- 従来技術の問題点を，現在完了形を使って書く（問題が継続している＝現発明のきっかけ）。

④ Summary of the Invention（発明の要約）
- 当該発明がどのように問題解決の手段となっているかを簡潔に記す。

⑤ Brief Description of the Drawings（図面の説明）
- 各種図面の理解：① block diagram（ブロック図）② sectional view（断面図）③ plan view（平面図）④ perspective view（斜視図）⑤ schematic diagram（説明図）

⑥ Detailed Description of the Preferred Embodiment（実施例）
- Claim とは異なり，means, member などの包括的な用語は用いない。

3) Abstract（要約）

Abstract は，発明の内容が一目でわかるように簡潔に記した一般文書で，新聞記事で言えば，Headline（見出し）の次にある Lead（要旨）にあたる。以下のような留意点を学ぶ。
- 150 words 以内で書く。
- 法律用語を避けて普通の文体で書く（例：comprise → include, provide など）
- 当該発明の構造と機能を示し，どのように問題解決の手段となっているかを記す。

（具体例）

A wrinkle treatment formulation is provided which is in the form of a gel formed of at least 95% by weight of a gelable hydrophilic polyurethane polymer base and a precipitated silica thickener gelling agent. Upon brushing the above-described gel formulation on wrinkled skin, the gel fills up wrinkles and dries to impart to so-treated skin a smooth substantially wrinkle-free appearance.

（US477041A）

3.2.2　英作文演習

　知的財産関連の概念，事件，判例などについて好きなテーマを選んで，簡単な説明文（和文・対訳）を課題として提出させる。授業では毎回1つか2つのトピックについて学生に発表させたのち，スクリーンで表示しながら英文の添削指導を行うようにしている。

（課題例）
　以下の例を参考に，知的財産関連のトピック（事件，法案，発明，概念，問題点など）を1つ選んで，簡単に解説したもの（日本語／英語）をワード（A4）にまとめて，メールで送付すること。

> パテント・トロール（Patent Troll）
>
> パテント・トロールとは，自ら保有する特許権を侵害しているかどで他社を訴え，巨額の賠償金やライセンス料を得ようとする者のことをいう。多くはその特許を実施しておらず，「特許搾取者」や「特許寄生虫」などと呼ばれることもある。トロールの語源は，北欧神話に登場する妖怪のことで，英語のトロール漁法（流し釣り）の意味も含んでいる。
>
> A patent troll refers to a person or a company who rips off an enormous amount of damages or license fees by accusing another person or company of patent infringement. Most of the patent trolls do not manufacture products based on the patents in question, and they are also called "patent extortionists" or "patent parasites." The word comes from "Troll," a legendary monster in northern Europe. It also assumes the meaning of "troll fishing."

　ネット上の翻訳サイトなどを使って奇妙な英文を出してくる学生も多いが，逆にそのことを利用して，どのように日本語を区切って翻訳サイトに入れればうまくできるか指導するようにしている。そうすることによって，日本語と英語の構文の違いなどに気づくよい学習機会となる。

3.2.3 コーパス演習

コース最終の課題では，コーパス作成タスクを通して自立した学習者を養成することを目指す．

Step 1（データの収集）
1) USPTOの特許検索データベース（http://patft.uspto.gov/）から興味のある特許明細書を検索して，以下の情報（①発明のタイトル ②Abstractのテキスト ③特許番号 ④発明者 ⑤分野（国際特許分類））をコピーして，ネット上の共有フォルダ（One Drive）に置いたエクセルファイルに項目ごとにペーストする．
2) Abstractの内容は，別途メモ帳などにコピーしてテキストファイルとして保存した上で，共有フォルダ（Abstract Corpus）にアップロードする．

Step 2（コンコーダンスソフトの導入）
1) http://www.laurenceanthony.net/software/antconc/ からコンコーダンスソフト（AntConc）をダウンロードする．
2) AntConcを起動して，共有フォルダから自分のPCに保存したAbstract Corpusフォルダを読み込む．
3) 調べたい語句（keyword）を含む例文を検索してみる．
4) Wordlist機能を利用して，Abstractコーパスの語彙リスト（頻度順・アルファベット順）を作成する．

Step 3（課題：コーパスの分析）
1) エクセルのフィルタ機能を使って，Abstract Corpus（エクセル版）を特許分類ごとに並び替えて観察し，第1文（発明の導入文）でどのような定型的な表現が使われていか観察せよ（発明の導入文を3つ挙げ，定型表現と思われる個所に下線を付けて報告すること）．
2) コンコーダンスソフト（AntConc）で，Abstract Corpus（テキスト版）のフォルダを読み込み，以下の項目について報告せよ．

① 総語数（→ token）
② 異語数（→ type）
③ 語彙リスト
　(a) 頻度順（上位 10 語／頻度）
　(b) アルファベット順（A で始まる語 10 語／頻度）
④ キーワード検索（好きなキーワードを含む例文を 3 つ）

おわりに

　外国語教授法としての ESP も時代の変遷とともに，さまざまな思潮の影響を受け，その理論的拠り所（アプローチ）もレジスター分析，談話分析，スキル分析，ニーズ分析，ジャンル分析へと移ってきた（深山編，2000:10-13）。しかし，いずれのアプローチも効力を失ったわけではなく，人間教育的アプローチ（井村，2011）やドラマメソッド（Figoni & Imura, 2015），CLIL などを取り込んで連綿とつながっているものと考えるべきであろう。本授業実践は，そのような応用発展的なアプローチの 1 つとして試みたものである。

引用文献

Bouchoux, D. E. (2008). *Patent law for paralegals.* Clifton Park, NY: Delmar Cengage Learning.
Coyle, D., Hood, P., & Marsh, D. (2010). *CLIL: content and language integrated learning.* New York: Cambridge University Press.
Dudley-Evans, T., & John, M. S. (1998). *Development in ESP: a multi-disciplinary approach.* Cambridge, U.K.: Cambridge University Press.
Figoni, W., & Imura, M. (2013). Implementing Content-Based ESP Instruction in an EFL Course by Combining a Graded Reader with a Movie: A Case Study Using the Film Apollo 13. *STEM*

Journal,14(2), 23-41.
Figoni, W., & Imura, M. (2015). Finding Your Voice: Introducing the Drama Method in the Classroom. *STEM Journal,16*(4), 179-195.
井村誠（2009）（編著）『知的財産分野における ESP の教授法および教材開発に関する基礎研究』平成 19 〜 20 年度科学研究費補助研究（基盤研究 (C)）成果報告書（課題番号 19520528）.
井村誠（2011）「ESP と人間教育：『人材』育成を超えて」森住衛（監修）『言語文化教育学の実践：言語文化観をいかに育むか』（pp.3-22）東京：金星堂.
井村誠（2015）「言語文化教育としての ESP：実用と教養の枠を超えて」井村誠・拝田清（編著）『日本の言語教育を問い直す：8 つの異論をめぐって』（pp.271-280）東京：三省堂.
深山晶子（2000）（編著）『ESP の理論と実践：これで日本の英語教育が変わる』三修社.
岡田豊司（2006）『工業英語を基礎とした特許英語：英文特許出願明細書の書き方』東京：社団法人日本工業英語協会.
Swales, J. (1990). *Genre analysis: English in academic and research settings.* Cambridge: Cambridge University Press.

第8章

工学系大学院の大規模な専門英語オンライン授業
―ESPのジャンルを意識して―

野口ジュディー津多江・金子聖子

はじめに

　理工系の分野では英語での受信力・発信力が欠かせない。しかし，専門科目を学ぶことで多忙な学生に，国際的に通用する高いレベルの英語力をどうやって習得させるかが課題である。ここでは一つの解決策をESP (English for Specific Purposes) の研究から提案したい。ESPの分野では，専門英語に関して1990年代から研究と教材開発が盛んに進んだ。専門領域では同じ目的を持つ人々がコミュニティを構成し，専門的な問題を議論するが, Swales (1990) はこのような集団を「ディスコース・コミュニティ」と名付けた。例えば土木工学分野で，地震に耐えられる橋の構造を研究している科学者は，一つの集団を構成している。このディスコース・コミュニティのメンバーは日本人に限らず，世界中に研究者がいる。定期的に情報共有のための学会を開催したり，論文をジャーナルに投稿したりする。このように新たな知識を加えながら，専門分野の共通知識を構築していくのである。グローバルに展開していくディスコース・コミュニティの歩みに参加するには，専門的な英語力が不可欠である。

　本論文では，大阪大学大学院工学研究科において，年間500名前後の学生に対し，15年間継続している大規模な理工系専門英語のオンライン授業を紹介する。

1. 大阪大学大学院工学研究科における理工系英語教育

1.1「工学英語」授業の実施

大阪大学大学院工学研究科では，大学院で修得する学問・研究能力を国際的な場に発展させるため，英語による理解・表現能力を養成することを目的とし，2002年度より「工学英語」の授業を実施している。「工学英語Ⅰ」は，Eラーニングシステムを用いた科学技術英語修得と，オンライン課題提出システムによる科学技術論文作成の基礎学習を目的としている。一方「工学英語Ⅱ」では，「工学英語Ⅰ」で得られた基礎的な英語力を基に，専門分野の論文の読解や作成，研究成果に関するプレゼンテーションやディスカッションなど，国際会議等で必要な英語によるコミュニケーション能力の基礎を養成することを目的とし，対面授業を行っている。

本稿では主に，開講後15年が過ぎた「工学英語Ⅰ」のこれまでの経過と，現時点での教育実践状況や課題等を中心に述べる。尚，理工系英語科目設置の経緯や初期の変遷（開講5年目まで）については主に東條・野口・国吉（2007）を参照した。

1.2「工学英語」開講の経緯

大阪大学大学院工学研究科では，国際化の進展に伴い，理工系英語教育の必要性が高まった。2001年12月に工学英語専門委員会が発足し，「工学英語Ⅰ」「工学英語Ⅱ」が新設科目として承認された。博士前期課程第一年次在籍学生の約800人が受講対象となる科目の運営に当たっては，従来型対面授業以外の形態を検討する必要があった。このため，時間や教室を定めずとも授業を受けることができる，オンライン授業を導入することとなった。

初年度は民間の英語学習支援企業によるEラーニングシステムを活用した授業運営を行ったが，授業担当教員による学習指導や効果の測定が必要であるという観点により，2年目の2003年度からは，民間企業のEラーニングシステムに加えて課題提出システムWebWRS（Writing Review System）を開発し，担当教員が週1回，独自の課題を課し，採点・評価

を行うシステムを構築した。その後，様々な改変・改良を経ながらも，基本的には，このEラーニングシステムと独自の課題提出システムという組み合わせが，2017年度に至るまで継続的に運用されている。

1.3 現在までの変遷

「工学英語Ⅰ」は15年間の運営の中で，利用するシステム等に関し，表1のとおり変遷を遂げてきた。民間のEラーニングシステムは，大阪大学のサイトライセンス契約によって全学生および教職員に提供され，大学個人IDを用いて，学外からでもアクセスできるマルチメディア型英語学習システムで，2007年度以降はバージョンアップされている。レベルや目的に応じて様々なコースが提供されているが，「工学英語Ⅰ」では，あらゆるレベル・分野やTOEICにも対応する一般的なコースと，科学技術系のライティング力と語彙力を強化する科学技術系コースの受講を義務付けている。一般的なコースではリスニング10ユニット，リーディング10ユニット，科学技術系コースでは数学・物理・化学・電気・機械・情報・環境・土木など理数系の14分野に対応した語彙が，それぞれ学習を求められる最低限のユニットとなっている。

表1
工学英語Iの受講者数と概要（授業開始〜2017年度）

年度	登録者数	単位取得者数	単位取得率	Eラーニング	課題提出
2002	812	389	48%	民間企業のEラーニングシステム	-
2003	637	483	76%		WebWRS
2004	652	508	78%		
2005	675	533	79%		新WebWRS
2006	644	547	85%		
2007	664	575	87%	民間企業のEラーニングシステム（バージョンアップ）	
2008	656	532	81%		
2009	592	488	82%		WebWRS改変版
2010	521	409	79%		
2011	512	383	75%		
2012	508	373	73%		
2013	482	357	74%		
2014	458	354	77%		
2015	475	385	81%		CLE
2016	463	403	87%		
2017	486	442	91%		

　一方，毎週の課題提出システムに関しては，2003年にWebWRSを導入して以降，自動採点システムの追加やフィードバック方法の改善など，受講生の学習成果を高めるような様々な修正を行ってきた。さらに，システムを管理するサーバの耐久年数を超えたことから，2015年度からはWRSに代わって，大阪大学が全学的に講義で活用する授業支援システム（Collaboration and Learning Environment: 以下，CLE）を用いて教材や課題を配信している。CLEはSCSK株式会社の提供するBlackboard製品で，ウェブを活用した授業支援ツールである。CLEでは講義資料の公開の他，課題提出の受け付け，オンラインテスト作成，学習状況の確認，成績管理など，授業運営に関わる多くのことをウェブ上で行うことができるため，オンライン授業に適していると言える。細かいオ

プションを設定することもでき，例えば，テストの表示開始日・表示終了日，提出期日，テストを複数回実施できるようにするかどうか，フィードバックをいつ表示するか，質問を受講生ごとにランダムに表示するかなど，かなり自由度を持って教材や課題，テストを作成することができる。

　表1における15年間の受講者数と単位取得率の経過を見ると，初年度は対象学年以外の学生も登録したこともあり，登録者数が突出して多いが，それ以外の年度に関しては600人超から500人弱へと緩やかに減少してきた。これは，工学研究科内の各専攻において「工学英語Ⅰ」の必修・選択の位置付けが変化したことが影響していると考えられる。単位取得者数は300～600名程度で推移しており，単位取得率は，体制が確立していなかった初年度を除き，7～8割の高い水準を維持している。特にここ5年程度は，一旦下がった単位取得率が再び向上しており，2017年度は9割を超えるまでになった。これは，課題提出システムの改変を重ね，システム上のトラブルを回避したことに加え，毎週の課題提出に対するフィードバックを的確に受講生に配信し，学習上・システム上のトラブルに対し，問い合わせメールアドレスを通じて迅速（原則として24時間以内）に答えたことの結果であると考えられる。

2. 課題提出システム

2.1 課題提出システムで出題する教育コンテンツ

　本節では，WRSおよびCLEにて配信してきた教育コンテンツについて詳しく述べたい。2004年までは和文から英文への翻訳や自由作文課題を出題してきたが，2005年からは現在に至るまで「工学英語Ⅱ」で扱うジャンル分析に基づく理工系学術論文の書き方の基礎を配信している。

　ジャンルとは，ディスコース・コミュニティ内で繰り返し現れる言葉の種類であり（野口・深山・岡本，2007），このジャンルのルールを身に着けることにより，学術論文の執筆や口頭発表，ポスター発表などに役立てることができる。

表2
課題提出システムによる学習内容（2017年度の例）

週	ライティング演習		復習課題	締切
	文章・段落の骨組みと表現方法	語彙・文法		
1	論文タイトルの表現方法	論文タイトルの動詞の使い方	-	5/17
2	アブストラクトの表現方法	論文タイトルの前置詞	論文タイトルの表現方法	5/24
3	アブストラクトのムーブ	アブストラクトの動詞の時制	アブストラクトの表現方法	5/31
4	イントロダクションの表現方法とムーブ	イントロダクションの動詞の時制	前置詞1	6/7
5	イントロダクションのムーブ	イントロダクションの動詞の使い方	アブストラクトの動詞の時制	6/14
6	実験手順の表現方法とムーブ	冠詞の使い方1	アブストラクトとイントロダクションのムーブ	6/21
7	結果の表現方法とムーブ	冠詞の使い方2	アブストラクトとイントロダクションの表現方法	6/28
8	考察の表現方法とムーブ1	前置詞2	冠詞	7/5
9	考察の表現方法とムーブ2	可算・不可算名詞	前置詞3	7/12
10	考察と結論のムーブ	結果と考察の動詞の使い方	考察の表現方法とムーブ	7/19

　このジャンルを理解するため，「工学英語Ⅰ」では課題提出システムを用いて10週間にわたり独自の課題を課し，自動採点およびフィードバックの提示を行っている．課題には3種類あり，2種類のライティング演習（文章・段落の骨組みと表現方法，語彙・文法），および復習課題から成る．表2は，2017年度の課題提出システムによる学習内容である．例えば第1週目には，論文タイトルにおける表現方法と動詞の使い方を学び，2週目には，アブストラクトにおける表現方法，論文タイトルにおける前置詞の使い方を学び，論文タイトルの表現方法の復習を行うといったように，徐々に理解を深めていく形となっている．出題する課題については，基本的なパターンをいくつか持ちつつも，毎年少しずつ新たな課題を追加していく形で，最新の科学技術論文のパターンも取り入れるようにしている．

図1　CLEの課題表示画面の一例

　2015年に導入したCLEによる課題提出では，図1のように質問が提示され，選択肢の中から受講生が解答を選び，提出する。締切の日時を経過すると，正否およびフィードバックが表示される形となっている。

2.2 評価方法

　2013年度までは，民間のEラーニングシステムの学習履歴を30％，毎週の課題提出を40％，そして残りの30％をマークシート式の最終テストにて最終成績を評価していた。ただ，最終テストは，Eラーニングシステムで学んだ内容や，学術論文の執筆方法と有機的に関連していなかったため，より理解度を測定しやすいよう，2014年度からはテストの代わりに最終課題を導入した。

最終課題では，2種類の問題を課している。一つ目は，各専攻の分野に即した学術論文を教員側で選び，ムーブ（論の流れを作るための特定の情報のまとまり）と表現方法（Hint expressions）を多肢選択方式で選ぶ形を取っている。こちらはCLE上で自動採点がなされる。二つ目は，受講生の大多数が博士前期課程1年次に在籍していることから，学部の卒業論文のアブストラクトを150語程度で作成することを課している。その際，課題提出システムにて学習したアブストラクトのムーブと表現方法を使うことを求め，それらの理解度および文法・スペル・フォーマットを評価している。

ライティング課題における剽窃の問題は大きいため，この最終課題においては，CLEに付随するコピーペースト防止機能付き課題ツールを用い，コピーペースト率を算出している。このツールは，前年度以前の受講生による提出課題からのコピーペーストも確認することができ大変有用である。万が一，一定割合以上のコピーペースト率が確認された場合には，最終課題の成績を0点とする措置を取っている。

3. 学生の理解度

「工学英語Ⅰ」においては，大阪大学の他の授業と同様，授業終了後にアンケートを実施している。オンライン授業のため，学期の最初のガイダンス以外は，特に相談事がない限り教員と顔を合わせないこともあり，アンケートの回答率は低い（2014年度は回答者数31名，単位取得者の8.8%，2015年度15名，3.9%，2016年度11名，2.7%，2017年度20名，4.5%）。よって本アンケートの結果に基づいて，全ての受講生の理解度・満足度を測れるわけではないが，自由記述もあるため，一つの参考資料として本結果について論じたい。アンケートの結果は1〜5の5段階スケールを用い，3が中間を示している。

まず授業の理解度に関しては，おおよそ中間の3前後となっている。難易度はやや難しいととらえる者が多く，分量は多いと感じた者が多かっ

ようだ。分量に関しては，単独でもかなりの学習量のある民間のEラーニングシステムに加え，10週間にわたる課題提出システムによる論文執筆法の学習もあるため，オンラインの手軽さから受講を決めた学生にとっては負担が感じられることもあるかもしれない。「授業方法及び資料は十分に工夫・準備されていたか」「学生の理解度を反映した授業の進め方が取られたか」については，2014年度を除き，中間の3ポイントを下回る結果となった。この点に関しては本授業の課題としてとらえなければならないが，授業方法及び資料の工夫・準備はオンライン授業にとってもっとも重要な点であると同時に，工夫と十分準備を重ねれば，如実に学生たちの理解度・満足度につながってくる点であるとも言える。学生の理解度を反映した授業の進め方については，民間のEラーニングシステムではレベルに応じたユニットを選択できるものの，単元ごとの理解度を反映できる形にはなっておらず，課題提出システムも，理解度によって教材や出題内容を変えることは現状では難しい。必要に応じて補助教材を示したり，そもそも教科書の活用率を上げるなど，大規模オンライン授業でも取り得る対策を講じていく必要があると考えられる。

表2
授業アンケートの主な結果

年度	2017(N=20)	2016(N=11)	2015(N=15)	2014(N=31)
授業の理解度	3.1	2.5	2.8	3.0
難易度 （難しい5，易しい1）	3.2	3.5	3.2	3.4
分量 （多い5，少ない1）	4.2	4.1	3.7	3.8
授業方法と資料の工夫	2.9	2.7	2.9	3.1
理解度を反映した授業	2.8	2.4	2.8	3.0

　自由記述を見てみると，「CLE課題の学習方法が難しい。自分で先に進むことが難しい」「表示されるのが点数のみで不正解の箇所が分かりづらかった」「CLE課題に関して解説して頂けるとより分かりやすくなると感じる」といった意見があり，課題提出システムによる論文執筆方法学習

の進め方について，受講生に対するより一層の支援が必要であると考えられる。一方で，「PCでの進め方に問題はなかった」「期限前にメールで知らせて頂けたので，（課題提出を）忘れることがなかった」というように，オンライン授業に関して特に支障はなかったとの記述も見られた。

4. 課題と展望

　毎年500名前後という大きな規模で，理工系英語の授業を15年間にわたりオンラインで実施してきた「工学英語Ⅰ」だが，その規模の大きさゆえに課題もある。まず，単位取得率が9割以上ということは，オンラインという自律的に取り組まなければならない学習方法において，学習を進め，完了させること自体に大きな問題はないと言える。しかし，問い合わせ用のメールアドレスは設けているものの，技術的な質問に偏っている。アンケートにも見られたように，英語学習上の細かい疑問点については，やはり対面式の授業のほうが，その場で確認しやすいと言えるであろう。

　また「工学英語Ⅱ」では，「工学英語Ⅰ」で学んだ理工系論文のパターンをさらに対面授業で学び，投稿論文・ポスターの作成，模擬国際学会の形で口頭発表およびポスター発表を行うことができ，理工系学生にとって非常に有益な内容である。しかしながら，近年の「工学英語Ⅱ」の受講生数は2014年度20名，2015年度17名，2016年度13名と少なくなっており，「工学英語Ⅰ」単位取得者数の3～6%に留まっている。オンライン授業で学習した理論を，自身の研究テーマに当てはめて実践し，論文やポスターの形として発表していくチャンスであるが，せっかく学んだ理論が十分に生かせていないとも言える。

　このことは，逆に言えば工学研究科博士前期課程の学生たちが日々，研究者の一員として昼夜を問わず研究室で自身の研究に取り組み，それ以外の授業も含めた実験や課題に追われており，英語学習のために決まった時間や場所を確保することが困難であることを表している。だからこそ，時間や場所を問わずに学習できるオンライン授業には，ここまで大人数の学

生が一学期間の間，継続して取り組めたのだろう。その意味では，これまでに合計 7,000 名を超える理工系学生に対し，科学技術分野における英語での受信力・発信力を高める教育を提供してきたことの意義は大きいと言えるのではないか。

おわりに

大阪大学大学院工学研究科において，大規模な理工系専門英語のオンライン授業を 15 年間運営したことで，多忙な学生にとっては，いつでもどこでも専門英語の学習ができる仕組みを整えることが大きな利点であることが明らかになった。しかし，このような専門英語教育を対面授業でない環境で行う難しさも浮き彫りになった。今後も工夫を重ねて，できるだけ多くの学習者にジャンルの概念の理解を通じて専門英語能力を高める機会を提供していきたい。

謝辞
　本稿の執筆にあたり、貴重な助言を頂いた大阪大学大学院工学研究科国際交流推進センター長の藤田清士教授に感謝の意を表します。

引用文献

野口ジュディー監修・深山晶子・岡本真由美（2007）『理系英語のライティング』東京：アルク
Swales, J. M. (1990). *Genre analysis: English in academic and research settings*. Cambridge, England: Cambridge University Press.
東條加寿子・野口ジュディー・国吉ニルソン（2007）「工学系英語教育のためのオンライン教材の開発と活用」『e-Learning 教育研究』, *2*, 13-22.

『ESP語彙研究の地平―新しい工学英語教育の創造をめざして―』

編集

石川有香　　　　　　名古屋工業大学・教授

執筆者一覧

相澤一美　　　　　　東京電機大学・教授
浅井　淳　　　　　　大同大学・准教授
長　加奈子　　　　　福岡大学・准教授
ダフ　ニコラス　　　金沢工業大学・講師
林　聖太　　　　　　金沢工業大学・講師
井村　誠　　　　　　大阪工業大学・教授
石川慎一郎　　　　　神戸大学・教授
石川有香　　　　　　名古屋工業大学・教授
磯　達夫　　　　　　東京電機大学・准教授
金子聖子　　　　　　大阪大学・助教
野口ジュディー津多江　神戸学院大学・名誉教授
田中洋也　　　　　　北海学園大学・教授
山崎亜矢　　　　　　金沢工業大学・講師

ESP 語彙研究の地平
―新しい工学英語教育の創造をめざして―

2018 年 3 月 31 日　初版第 1 刷発行

編 著 者　　石川　有香
発 行 者　　福岡　正人
発 行 所　　株式会社　金星堂
（〒 101-0051）東京都千代田区神田神保町 3-21
　　　　　　Tel. (03) 3263-3828（営業部）
　　　　　　　　(03) 3263-3997（編集部）
　　　　　　Fax (03) 3263-0716
　　　　　　http://www.kinsei-do.co.jp

編集担当／佐藤求太（金星堂）　　Printed in Japan
装幀・本文組版／ザイン
印刷・製本所／モリモト印刷

本書の無断複製・複写は著作権法上での例外を除き禁じられています。
本書を代行業者等の第三者に依頼してスキャンやデジタル化することは、
たとえ個人や家庭内での利用であっても認められておりません。
落丁・乱丁本はお取り替えいたします

ISBN978-4-7647-1181-5 C3082